40代からの

健康になる下着活用術

おぬまともこ
インナーウェアコンサルタント

旬報社

目次

40代からの健康になる下着活用術

目次

［コラム］

第1章◆からだのための下着えらび

下着で体をいたわる

人間が衣服を着ることは、生まれたときからの習慣。だから下着もその習慣の一つ。ましてや人から見えないものだけに「何のためにその下着を着けるのか？」と考えることはあまりないと思います。でも、「何のために？」と考えて下着を選ぶことによって、それぞれ抱えている体の悩みを少しでも緩和できたら……。素晴らしいことですよね。これを活用しない手はありません。

人はおむつが取れたときからショーツを履きます。世の中にはさまざまなショーツがあります。セクシーなTバック、ウエストまで履きこみがある履き心地のよいショーツなど。女性に多い冷え性の悩みも、ショーツの形を変えるだけで緩和されることを知っていますか？

おへその下、ちょうどこぶし一つくらいのところのツボを丹田といいます。ここを温めると体が温まりやすくなります。ですから、履きこみの深いショーツで丹田を覆ってあげると冷えの緩和になるのです。ショーツ一枚のこととはいえ、うれしいことですね。ましてや毎日着用するものですから長年の効果は計り知れません。

女性は40代を過ぎると体の変化が気になり出します。この時期を大手肌着メーカーのグンゼは「オトナ思春期」と名づけました。女性ホルモンの影響で10代の思春期とは違うけれども、体の変化がいっぺんにやってくる時期なのです。肌が乾燥して下着の縫い目がちくちくしたり、急に汗をかいて蒸れたり……。こうした不快な状態やこの時期の変化の不安を解消するためにも、下着はお助けアイテムになってくれるのです。

そんなことを考えて一つひとつの下着を選んでいくと、下着は健康グッズとなり得るわけです。自分の体をいたわること。それが下着の一つの目的です。

歴史が浅い日本人と下着

そもそも現代の下着は日本で進化してきたものではありません。開国とともに洋服文化が西洋から入ってきて、その洋服の下に着るものとして発展してきたのです。ですから、今わたしたちが着ている下着の発祥元は洋服文化の西洋です。

もともと西洋の女性下着は、「女性として魅力的に見せる」「上に着るアウターをより魅力的に見せる」といった女性としての魅力をアピールするために、長い時間をかけて発展してきました。たとえば、ウエストをギュウギュウ締めつけるコルセットは、ドレスのスカートのふくらみとウエストの細さのギャップで女性をよりセクシーに見せるのです。でも、決して健康的ではありません。下着は男性から魅力的に見られるための小道具だったのです。いまでもヨーロッパのインポートランジェリーはセクシーで女性を魅力的に見せるレースがふんだんに使われているイメージがありますね。

こんな歴史から生まれた下着なので、文明開化で洋服と同時に入ってきても、体を圧迫してきゅうくつに感じる下着は当時の日本人女性にとっては着心地が悪く、すぐには受け入れられなかったのは当然だと思います。それに一般庶民が日常的に洋服を着用しはじめたのは戦後からです。考えてみれば、まだ洋服文化は70年ほどしかたっていないのですね。歴史がまだまだ浅いのです。

また日本人と西洋人は体型も体質も違います。肌に一番近いところに着ける下着を西洋人と同じものにして満足できるはずはありません。そのため、この70年のあいだに日本人の体にあった満足できる、また日本人が着る洋服を魅力的に見せる下着が発展してきました。

一時はバストを寄せて上げるブラジャーが大流行しましたが、今はそれだけでなくて、さまざまなニーズに応えるブラジャーがあります。また、以前はおしゃれではない……という意識から「ババシャツ」などと呼ばれ、若い女性はあまり着用していなかった長袖肌着も、今は冬になるとだれでも着る当たり前の下着です。時代とともに消費者の意識も変化してきました。下着は体型を整えるとともに、暑さ寒さなどの外的環境から体を守り、それぞれの好みや体質にあわせて体の悩みを解決してくれるアイテムなのです。

下着を楽しむ

下着のおしゃれというと、さまざまな意味がありますが、まずは下着そのもののデザインを楽しむ、活用するという意味で考えてみましょう。

ヨーロッパのランジェリーに代表される、見た目がセクシー、かわいい、きれいな下着を着けてみたいと思うのは、女性であればごく自然なことではないでしょうか。ステキなレースのブラジャーとショーツをおそろいで着けているだけで、なんとなく心がウキウキしますよね。また最近、着用する女性が少なくなったスリップなどは女性の心を楽しくさせるための代表的な下着です。日本ではまさしくアウターの下に下着として着用している女性が多いのですが、ヨーロッパでは部屋着として活用することが多いのです。パリのランジェリー展でも、日本人から見たら下着ではと思うものを「部屋着」として紹介しています。女性が一人で部屋にいるときにこそ、女性としてのエレガントな気分を味わいたいという心の現れですよね。

暖房設備などの違いから日本の住宅事情では難しいとは思いますが、ぴしっとしたスーツを着たキャリアウーマンが出張先のホテルで一人くつろぐときに、ステキなレースのスリップ……おしゃれだと思いませんか。男性に魅せることを目的とするだけでなく、女性としての心のおしゃれのためにぜひ活用してみてください。

ステキな下着を着けていると思うだけで、なんとなく嬉しくなって胸を張って歩きたくなります。また、しぐさも自然に女性らしくなったりします。まさしく下着は、ちょっと落ち込んだときの元気アイテムなのです。

スリップは日本ではまさに下着として扱われてきました。なぜ「スリップ」というのかというと「スリップ＝滑る」ということのイメージで、アウターの下に着けてアウターの滑りをよくし、シルエットを美しく見せるなどの効果がある下着だからです。たとえば、フレアースカートなどを着たときに静電気を防止してスカートのまとわりつきを防ぎます。また、生地が薄いスカートの透け感を防ぎ、アウターにつく汗を吸い取り、おしゃれ着を傷みにくくしてくれます。大事なおしゃれ着を長く美しく保つための下着でもあるのです。

パリの下着事情

百貨店の売り場にディスプレイされていた下着。ブラジャーとハイウエストガードルの組み合わせで、洗練された黒のシンプルなデザインです。見た目のおしゃれだけでなく、これを着ただけでボディ全体を補正してくれるというスグレモノ。ボディにフィットしたワンピースなどには最適の下着でしょう。

ヨーロッパのランジェリーはデザイン重視と思い込んでいましたが、２年前にパリのランジェリー展を見学し、あまりにも補正機能付きの下着が多いことに衝撃を受けました。

2015 年のパリ・ランジェリー展では、その補正機能がいっそうヨーロッパのおしゃれなデザインに自然に溶け込んでいることに驚きました。日々、ランジェリーは進化しているのです。そして、それは女性にとってよりオシャレに、より快適に、よりニーズに合った進化なのです。

下着の仕事を始めたころは、「補正や着心地などの機能とおしゃれなデザインは両立しない」と信じていました。でも、今はそうではないのです。

そう考えると、下着を選ぶのが楽しくなってきます。

百貨店の売り場にディスプレイされていた下着

おしゃれに下着を見せる

どんな下着も「下着」という概念から、人に見られることは恥ずかしいという意識が長年ありました。最近はだいぶ変わってきて、アウターとインナーの違いがだんだんなくなってきたように感じます。

以前は下着の色というと白か淡色がほとんどでした。日本人が好きな、肌に優しい天然素材（綿など）に濃い色は付けにくかったのですね。いまは素材や技術が進化して、洋服で使われているようなカラーを着色することができるようになりました。キャミソールなどは、いかにも「下着」という印象の色がむしろ少ないくらいです。

夏によく見かけますが、シャツなどの襟元からキャミソールをのぞかせる着方がファッションになりました。でも、襟あきが大きいとかがんだときに、キャミソールの中のブラジャーが丸見えになることもあります。本人は気づいていないことが多いので気をつけましょう。こんなときに代わりに着るのは、アウターとして売られているキャミソールよりも下着として作られているキャミソールのほうが安心です。下着としてのキャミソールは汗をよく吸うことを考えているので、肌に密着するように作られているのです。だから、胸元にもフィットして安心なわけですね。ファッションの一部としても活用されはじめた下着。下着で華やかになるのは楽しいものです。

とはいえ、下着はまだまだ人に見せるものではないと考える人がほとんどでしょう。なのに思いがけず「見られてしまうとき」があります。たとえば、先ほどのアウターの下のブラジャー、また股上の浅いヒップハングのパンツでかがんだときのショーツやガードルのウエストライン、短めのタイトスカートのときのガードルのすそなどです。「見られてしまったとき」には、どんな下着かによって、見た側の印象も変わってきます。スカートのときにガードルだけではなくスリップを着ていたら、見えるのはスリップのすそのレース……おしゃれですよね。まさしく「チラリズム」、古いでしょうか（笑）。でも、これは女性としてのマナー、心遣いだと思うのです。見えてしまったときにも「おしゃれだなあ」と思われる下着を身に着けていたいものです。

下着で体を健康に

最近は「健康」を意識して下着を選ぶ女性も多くなりました。とくに40代以上の体の変化を感じはじめる年齢の人に多く見られます。体の不調を改善するために下着選びをするのですね。

冷え性の女性が増えてきているといいます。原因はさまざまですが、女性が社会進出し、仕事などでストレスを抱えることが原因の一つと考えられています。ストレスがあると自律神経がうまく働かず、体温調節がしにくくなるのです。そんなときは、インナーを活用することによってかなり改善できます。あたたかい下着が分厚くてモコモコしていたのは昔の話。いまや「軽くて」「薄くて」「あたたかい」下着が当たり前の時代なのです。スーツやおしゃれ着の中に着てもシルエットを崩すことはありません。それなら、使わない手はありませんよね。

また、夏は汗が気になります。背中や脇の下の汗が洋服の上で汗ジミになると、気になって仕事どころではありません。さらに、汗をそのままにしておくと、恥ずかしいだけでなく体が汗で冷やされます。とくに冷房の効いたオフィスなどでは要注意です。風邪をひいたり頭痛の原因になったりします。汗をかくのは体を健康に保つうえでとても大事なこと。汗をかかないようにするのではなく、気持ちよくかくことが健康のために大切なのです。だから、汗を気持ちよく吸い取ってくれる下着を選びましょう。

下着は女性だけではなく、子供にとっても大事な健康グッズです。子供が小学生のころ、「保健だより」というプリントを学校から毎月いただきました。その中で「お子さんに肌着を着せましょう」という内容を頻繁に目にしました。気温変化の大きい季節の変わり目などに、体調を崩し保健室に来る子供が増えるのだそうです。ベッドであたたかくしてしばらく横になっているとすぐに回復するそうですが、これは肌着を着ていない子に多いとのことです。

最近の子供は生まれたときから冷暖房完備の場所で育っているので、外気の変化に適応しにくいのかも知れません。エアコンに頼らず自分で適応するには、体にフィットした下着を着ることが有効です。子供はたくさん汗をかきますが、今は汗をかいてもすぐに吸い取って発散してくれる吸水速乾素材のものが多くあります。ぜひ活用しましょう。

また、こんな興味深いデータがあります。３歳から５歳までの幼児を対象に「市販の肌着」と「25％柔らかさを増したソフト肌着」を着て、それぞれの場合の唾液と尿を採取して分析しました。

唾液の結果から柔らか肌着を着用すると、免疫力が高まることが分かりました。尿の結果からは硬い肌着はストレスを増加させ、成長ホルモンの分泌を抑え、免疫機能を抑制させてしまうはたらきがあることが分かりました。また、硬い肌着は体温調節がはたらかなくなり自律神経にも影響を及ぼし、集中力の低下など脳の活動にもマイナスにはたらくそうです。実際に計算問題を解いてみると、着心地の良い肌着を着た場合のほうが、能力がわずかながら向上する傾向が見られたそうです。（参考『子供の「脳」は肌にある』山口創著 光文社文庫 ２００4年、別冊宝島『0歳からはじめる教育の本』九州大学 綿貫茂喜教授の研究データから 宝島社 ２００９年）。

これはとても興味深いですよね。人の肌に与えられるストレスは、体の機能だけでなく精神的なことや思考にも影響するということではないでしょうか？

そう考えると、毎日仕事でがんばっている世の中のビジネスマンにとっても下着は重要といえます。大事なプレゼンやはじめてのお客様に会うときは本当に緊張するものです。そんなとき、新しい肌触りのよい下着を着ていると、心身のストレスが緩和されます。

下着を着ずに直にワイシャツを着るビジネスマンもおられますが、素肌に真っ白いワイシャツが似合うのはモデルさんくらいで、実際には肌触りが悪くストレスを感じるでしょう。ちょっとでも汗をかくと生地が肌に張り付いて、夏は耐えられるものではありません。毎日、汗をかきながら家族のために仕事をしているお父さんに、仕事で成果を上げてもらうためにも気持ちよい肌着を着て欲しいものです。

また、男性に冷え性はないと考えるのは間違いで、自覚がない「隠れ冷え性」が増えているそうです。男性は女性にくらべて筋肉が多いので熱を作りやすく体温が高そうですが、実際に体温を計ると低体温の人も多いそうです。男性は単に防寒の下着を着る習慣がないだけかもしれません。長袖の肌着や、薄手のロングボトムを冬に着用しはじめたら風邪をひきにくくなったという話も聞いたことがあります。

こうした毎日の違いが長い目で見ると、日々の健康や精神的な安定などにつながっていくと思うのです。家族の健康を守るのはお母さんの大事な役目ですよね。ずっと家族みんなが健康でいるためにも下着を活用しましょう。

・涼しく汗のベタつきや臭いも気にならない…ユニクロ・エアリズム

汗をたくさんかく男性から「着ているほうが涼しい」と大評判の肌着です。今までにない細い繊維の開発に成功したことによって、薄い生地が汗を吸収しながら発散し、涼しく感じられる肌着になりました。また、肌に触れたときに冷たく感じるような加工や臭いを防いでくれる加工も施している肌着です。

Tシャツにはない肌着の利点

肌着の代わりにTシャツを着ている人をよく見かけます。寒さを防ぐには重ね着をすればあたたかくなりますし、また、急に暑くなったときのことを考えると、一枚で着ていてもおかしくないTシャツのほうが便利かもしれません。でも、肌着にはTシャツにはない利点があります。

まず、防寒を考えると同じくらいの厚さの生地を使っている場合、Tシャツよりも肌着のほうがあたたかく感じられます。Tシャツはアウターとして作られているので、ファッション性を第一に考えて作られます。保温性や肌触りは二次的な問題なのです。一方、肌着は直接肌に触れるように作られます。着用したときに肌と肌着のあいだに空気が入り体温で温められ、その空気が安定して体を温めてくれてあたたかいと感じるのです。だから、肌着は温められた空気を逃さないように適度なフィット性があるのです。

Tシャツはフィット性のあるものが少なく、せっかく空気が温められても肌とTシャツのあいだで安定してくれません。動くたびにどんどん空気が逃げ出すので重ね着してもあたたかくないのです。また、肌に密着していないということは汗を吸収してくれないということです。わたしたちは、夏だけでなく年中汗をかきます。気持ちよく汗を吸い取ってくれるには、やはり適度なフィット性のある肌着が必要なのです。

下着はわたしたちの体を守るための健康グッズだと書きましたが、上に着る洋服のためのものでもあります。ファッション性が高い洋服の多くは家庭での洗濯に耐えられません。さらに、最近はビーズなどのアクセサリーが縫い付けられているものもあり、洗濯表示を見ると多くがドライクリーニングです。そんなおしゃれ着を長くきれいに着るためにも、下着の活用が有効です。洋服につく汗や皮脂汚れを防いでくれるので、お気に入りのおしゃれ着を長く楽しめますし、クリーニングの回数も少なくなり経済的です。

・Tシャツ
ファッション性はあるが、フィット性が少ない
同じように見えても大きな違いがあるのね
・下着
フィット性があり、保温に優れ、汗も吸収

着心地のよいブラジャー

パリの下着売り場にあったブラジャーです。かなり大きなサイズに見えますよね。デザインは清楚で、ちょっとおしゃれな感じです。カップには厚みをだすウレタンなどは使っていません。でも、バストをしっかりと包み込んでくれます。

パリにはこのようなブラジャーが多く見られました。まさしく、普段着使いのブラジャーです。バストトップを気にしたり、ボリュームアップしようとする日本人女性とは、感覚が違うようです。

パリの女性たちは楽しみながら、着心地が良く、バストをきれいにしてくれる質の良い下着を選んでいるのです。

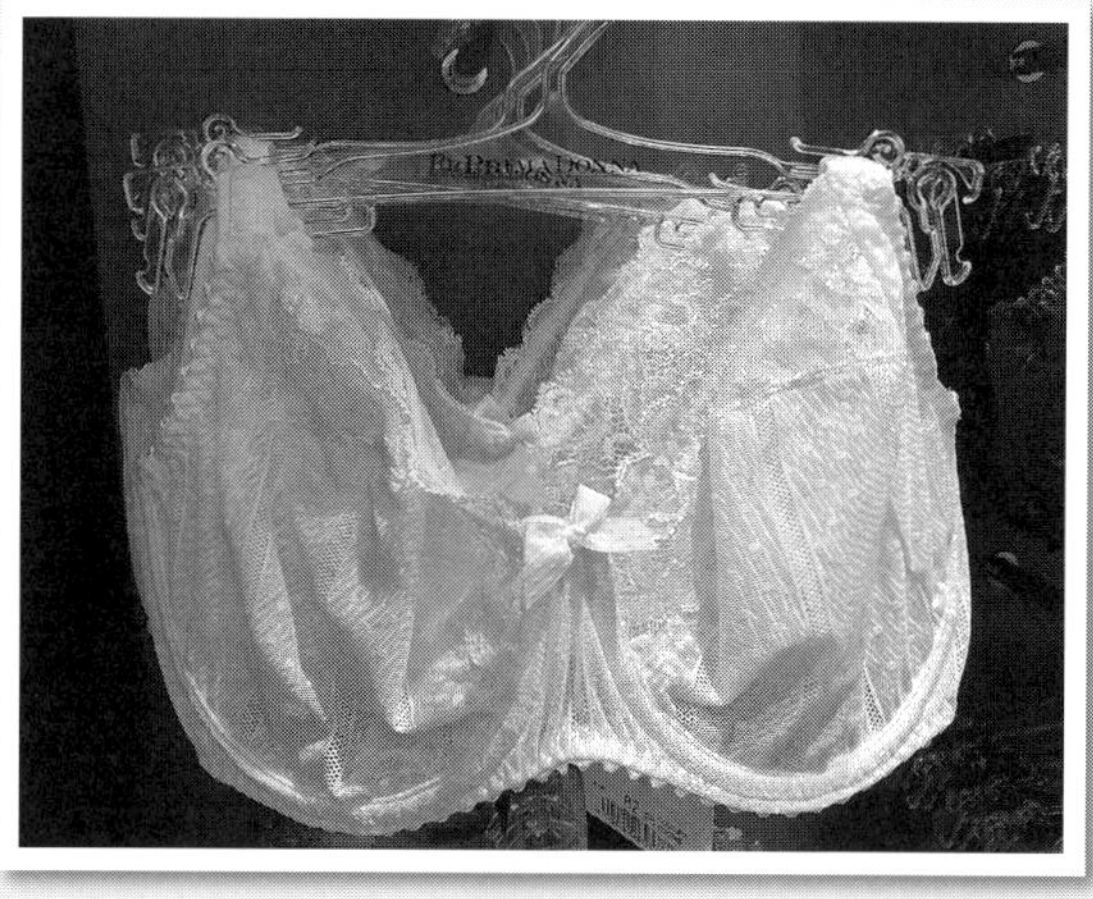

着心地のいい普段使いのブラジャー

第2章◆下着のキホン

体型を美しく整える

いつまでもきれいなスタイルのままでいたい、というのはだれもが望むことでしょう。でも、どんなに運動や食事で20代のころのスタイルを維持しようと思っても、なかなかそうはいきません。女性の体は脂肪が多く、年齢とともに脂肪は柔らかくなり動きやすくなるので、放っておくと重力にしたがって下に移動してしまうのです。つまり「下垂」です。バストやヒップの形が崩れるのはしかたのないことなのです。

とはいえ、おしゃれするときだけでもスタイルアップしたい！　それが体型補正下着の目的です。正しく着け続けていると下垂の速度を遅らせたり、下垂しにくくしてくれるのもうれしいところです。

わたしたち女性は外出するときにはお化粧やＴＰＯにあった服装など、「身だしなみ」に気をつけますよね。若いころは素顔に自信があっても、年齢を重ねるとお化粧しないと外出できない、と言われる人が多くなります。

たとえばお化粧をするとき、基礎化粧のあとのメイクはファンデーションからはじまります。その上に口紅やシャドウを塗って仕上げていきます。いわばファンデーションはお顔の土台（ファンデーション）なのですね。

下着にもファンデーションと言われている種類の下着があります。それがブラジャー、ガードルなど体の基本となる体型を整える下着です。年齢を重ねた女性であるほど、おしゃれ着のときには女性の身だしなみとして必ず着けるようにしましょう。きちんと選んだブラジャーを着けるだけで、いつものお洋服のラインがぐっと若々しくスタイルよく見えることでしょう。

●ブラジャー

代表的なファンデーションを紹介しましょう。まずはブラジャーです。大抵の女性は着けていますよね。さまざまな種類があり、それぞれ機能も違うのです。ここでは３種類紹介します。

①フルカップブラジャー

バスト全体を覆ってくれるブラジャーです。動いてもカップの中のバストがわきに流れにくく安定感があります。バストが大きい人にはとくにおすすめですが、年齢とともにバストは柔らかくなってきます

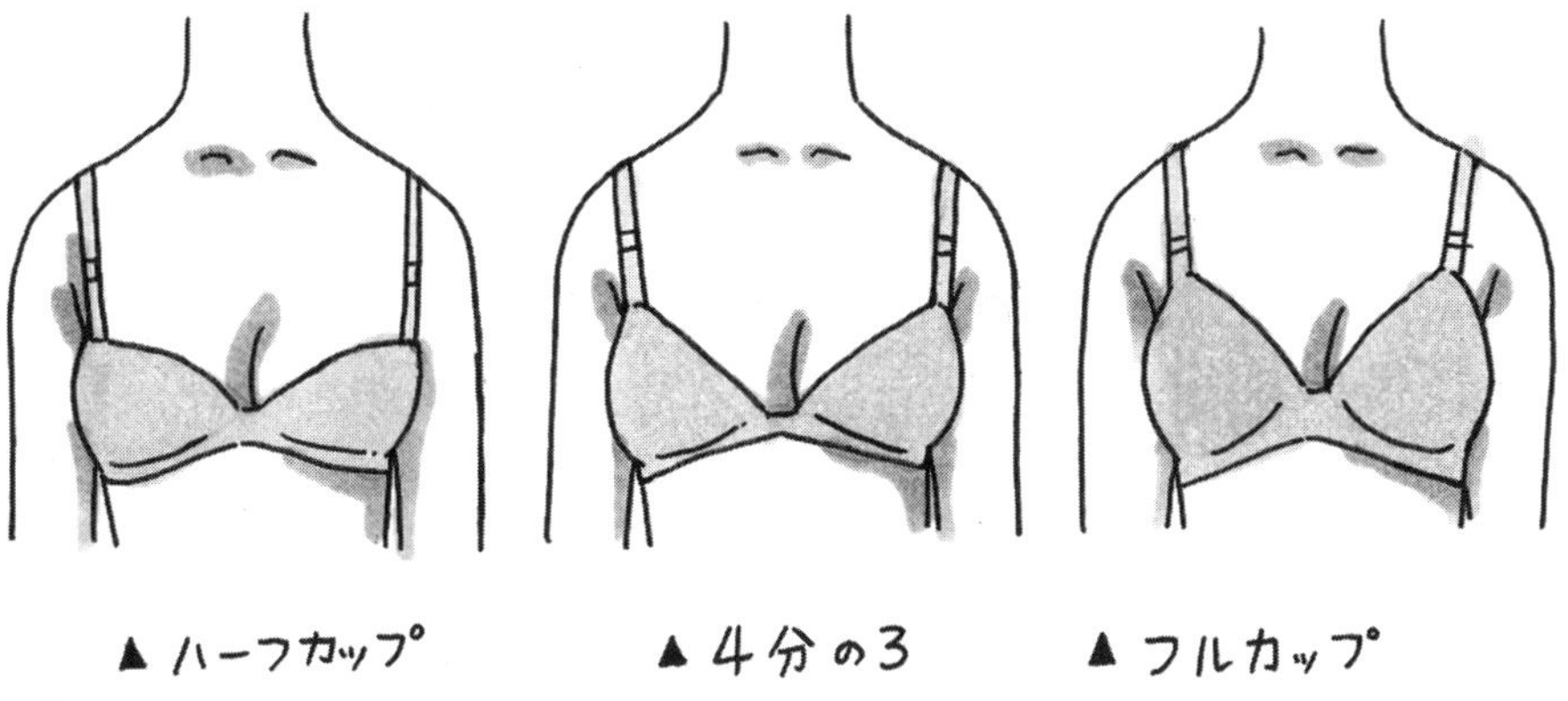

ので、40代以上の女性すべての人に普段使いとして着けることをおすすめします。ワイヤーがないものも多く、着け心地がラクという声が多いブラジャーです。

②4分の3カップブラジャー

各メーカーが主力商品として売り出しているのはたいていこのタイプなので、みなさんもお持ちのブラジャーだと思います。バストの4分の3を覆っているので、フルカップより安定感はないのですが、襟開きの大きいトップスにもあわせやすく、日ごろのファッションを考えると一番使い勝手がよいものです。また最近はカップサイドにパワーを持たせ、バストを中央に寄せスッキリと見せる工夫をしたものなど、さまざまな付加価値がついたものもあり、バリエーションが多いのも特徴の一つです。バストパッドがついているものが多く、バストをボリュームアップしたい、バストトップを隠したいという日本人女性の好みにあっています。

③ハーフカップブラジャー

ストラップレスのブラジャーなどに多く使われている形です。バストの半分しか覆っていないので、バストの安定はあまり望めません。でも、タンクトップやイブニングドレスなど、胸元を見せるファッションに対応できます。バストを真下からぐっと持ち上げるタイプなので、グラマーに見せることもできます。またストラップレスにできるタイプもあり、夏には重宝するブラジャーです。ただし、安定しにくいため長期間着続けるとバストの形にも影響が考えられ、普段使いにはあまりおすすめできません。

ブラジャーのタイプはほかにもさまざまありますが、それぞれの特徴を踏まえて着用すると、今のファッションやバストの悩みに対応できるブラジャーが見つかるでしょう。

●ガードル

ブラジャーでバストを整えたらヒップはガードルで整えましょう。ガードルというと、ブラジャー以上に「きつい」「めんどう」などの声を聞きます。最近では着心地がソフトな下着が主流になってきたせいか、ガードルを着けない女性も多く見受けられます。でも、ヒップは自分では見えない後ろにあります。人からは見られているのに自分では見えにくいのですね。ヒップも年齢とともに下垂しますので、40代になったらソフトタイプのものでもいいのでガードルを着けるようにしたいものです。

ガードルを着けると後ろ姿が格段にスタイルよく見えます。なぜなら、ガードルでヒップアップさせることで脚を長く見せる効果があるからです。

ヒップポイント（ヒップが一番盛り上がっているところ）の理想的な場所は、身長のちょうど半分の場所といわれていますが、日本人は欧米人のスタイルと違いなかなかそうはいきません。それでハイヒールなどでスタイルアップするのです。でも、40代くらいになると、筋力が弱まるせいかハイヒールは疲れて履けないという女性も多いのではないでしょうか？　同時にヒップが下垂してくる時期なので悩みますよね。そんなときはガードルを着用してみてください。ヒップポイントを上げスタイルアップしてくれます。

ここではガードルを2種類紹介します。

①ロングタイプガードル
ヒップ、お腹、太ももまで覆ってくれるタイプです。体型のことを考えるなら、普段はこのタイプを使いましょう。なぜなら、ヒップから太ももまで覆ってくれることで、太ももにヒップの肉が流れにくくなるからです。ヒップの段もできにくく、丸く

きれいなヒップラインができます。履き込みが深いものも多く、お腹とヒップをサポートしてくれます。タイトスカートやスパッツなど、ぴったりしたファッションのときは、ぜひ着用しましょう。

②ショートタイプガードル

ショートタイプは、足の付け根までのショーツ型ガードルです。ヒップアップというよりもお腹とお尻を適度にサポートすると考えたほうがよいでしょう。ロングタイプとくらべ、ヒップのお肉が太ももに流れやすいので段差を作らないように、サイズをきちんと選んで着用するようにしましょう。短めのスカートに対応しやすく、夏に涼しいなどの利点があります。何より、ショーツのような形なのでガードル初心者にとっては着用しやすいでしょう。

はじめての人はソフトなショートタイプから着用してはいかがでしょうか。最近はショーツにヒップアップやお腹抑えなどのガードル機能がついているものも多く見られます。

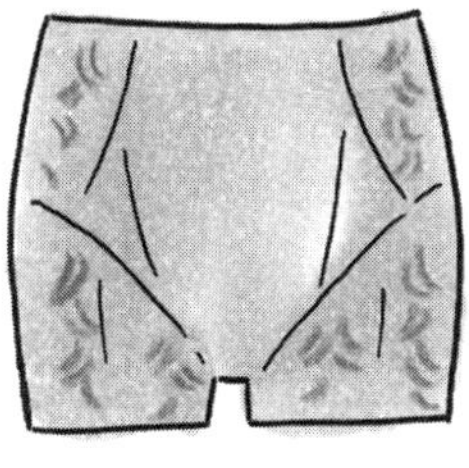

▲ショートタイプガードル

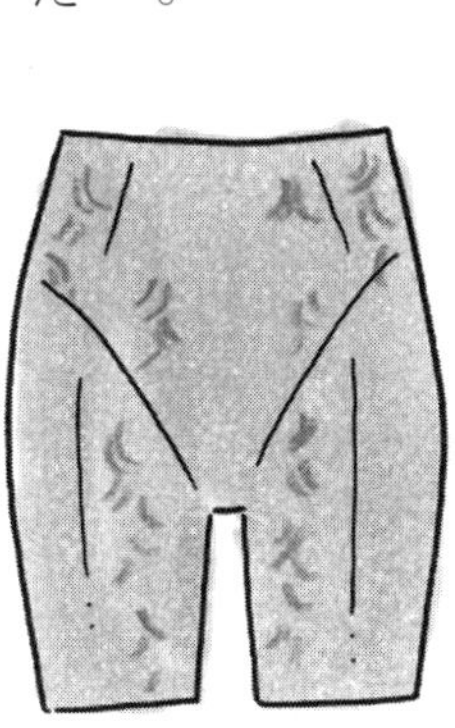

▲ロングタイプガードル

ブラジャー、ガードルのほかにも体型補正のための下着があります。ボディースーツやウエストニッパーなどですね。どれも、体型を整えて洋服のシルエットをきれいにする下着です。きちんと選んで着けることによって、スタイルよくおしゃれ着を着こなすことができます。

洋服でもシェイプアップ

パリの街中を歩くと、下着と洋服とのコーディネイトを提案するディスプレイをよく見かけます。なかには、下着とともに洋服にもシェイプアップ機能を持たせ、全身をスタイルよく見せるコーディネイトを紹介しているものもあります。

写真のディスプレイは、ブラジャーでバストアップしたうえに、パワーのある素材でできたカットソー＆スカートで二の腕やお腹周り、ヒップをシェイプアップするものです。生地だけでなくパターンでもラインがきれいに出るように工夫されています。

ボディをシェイプアップするのは、下着だけではないのかもしれません。

シェイプアップ機能のある洋服でスタイルよく

洋服によって下着を着けかえましょう

下着は上に着るアウターをステキに見せることにも役に立ちます。洋服によって相性のよい下着は違います。その洋服の魅力を引き出す下着を選んでみましょう。

●スーツやジャケットの場合➡フルカップブラジャー（バストが小さい人はパッド入りブラジャー）

肩幅が広く見えるジャケットはラインがどうしても男性的になりがちです。女性らしさを出すためバストのふくらみを活用しましょう。バストトップが高く出るブラジャー、フルカップやパッド入りブラジャーでしっかりとバストアップすると効果的です。バストが大きくて悩んでいるという話を聞きますが、バストが大きいということは、肩幅のある洋服を着こなせるということです。自信をもって似合うファッションを楽しみましょう。

逆にバストの小さい人は、いつものブラジャーにパッドを一枚プラスするとラインが女性らしくなります。

●履きこみが浅いボトム ⬇ ボディブリファーなどオールインワンのもの

短丈のトップスで腕を上げたときウエスト部分からチラリと素肌がのぞく……ステキですね。これもファッションですが、さすがに40代で実践している人は少ないでしょう。でも履きこみが浅いパンツなどは着用することも多いのではないでしょうか。こんなときは「見えても恥ずかしくない下着」を活用しましょう。ボディブリファーなどオールインワンのものならば動いてもズレ上がらず、ウエスト周りもスッキリ着ることができます。カラーはアウターになじむような黒など濃色や見えても違和感がないグレーなどがおすすめです。

•履きこみが浅いボトムの時はボディリーファーなどで「見えても恥ずかしくない」！

●襟ぐりの大きめのアウターの場合➡4分の3カップブラ

肩ひもが外よりについていて、カップが胸元から見えにくいデザインのものが多いのでおすすめです。夏のアウターはたいてい襟あきが広いものが多いので、使いやすいブラジャーです。

●肩を出すアウター➡ハーフカップブラジャーまたは肩ひもがアウターにコーディネイトできるもの

タンクトップやキャミソールなど肩がほとんど見える場合はブラジャーのストラップが気になります。できればストラップレスできるブラジャーで対応しましょう。最近では洋服のデザインのようなブラジャーもたくさんあります。肩ひもが見えるときはぜひコーディネイトしたいものですね。

●タイトスカート、タイトなパンツ⬇ロングタイプのガードル

ヒップラインが目立つアウターには、ぜひロングタイプのガードルを活用してください。ヒップアップすると後ろ姿がスタイルよく、足が長く見えます。

●ロングワンピース⬇スリップ、ペチコート

夏になるとよく着られる薄手のロングワンピースを着用するときにはとくにおすすめです。汗じみを防いでくれて、強い日差しから透けるのを防止してくれます。また、まとわりつきも防いでくれるのでシルエットもきれいにしてくれます。スカート部分だけ気になるときはペチコートを活用しましょう。

パリの下着専門店の風景

写真はパリの街角にある、小さな下着専門店です。カラフルな下着がショーウィンドウ越しに見えます。

店内の下着よりも私が素敵と思ったのは建物です。外壁には、ピンクのレンガにバラのモチーフが見えます。パリのエレガントな雰囲気にぴったりですね。

年配のマダムがお店をのぞいています。きれいなランジェリーを身につけることは、年齢に関係なく当たり前のこと。とても自然な風景です。

パリの小さなランジェリー店

第3章◆40代からの健康になる下着活用

保温をしてくれる下着

わたしたちの暮らす日本には四季があります。当然、季節によって衣服は変わります。夏は涼しく、冬はあたたかくというのが基本でしょう。最近はそれだけではなく、夏は冷房、冬は暖房といった環境にも対応しなくてはなりません。一日の中で夏は暑かったり涼しかったり、冬は寒かったり暖かかったりとめまぐるしい温度変化に対応しながら生活するのですから、適応できなくて体調を崩すのは無理もないのかもしれません。そのためにわたしたちは重ね着をします。夏でもオフィスではカーディガンをはおったりしますよね。ここでも下着をぜひ活用して欲しいのです。

たとえば、冬の下着の一番の目的は保温です。それもできるだけ薄くてアウターに響かず、軽くて、動きやすく、あたたかいものを着たいと思います。生地は厚いほうが保温性はありそうですね。でも、実際着てみるとそうとはかぎりません。前述したように、なぜ下着を着てあたたかいと感じるかというと、肌と生地のあいだの空気が体温で温められてあたたかいと感じるのです。動くたびにすそや袖口が上がるような肌にフィットしていない下着は、生地が厚くても温められた空気が逃げてしまうのであたたかくないわけです。

私は子供のころ、寒い東北で育ちました。冬には長靴をはいて吹雪のなか、小学校に通いました。当然、セーターの下には長袖の肌着を着るわけですが、分厚い生地なのにそれほどあたたかくないのです。考えてみると、動くたびに温められた空気が逃げていくような下着だったのですね。

今は、機能性肌着と呼ばれるような、効果的に保温する素材の肌着も増え、防寒用でも「薄くて」「軽くて」「あたたかい」下着がたくさんあります。

・汗を熱に変える肌着…ユニクロ・ヒートテック
機能性肌着の代表ともいえる肌着です。汗を繊維の中で熱に変える吸湿発熱機能があります。さらに伸縮性があり動きやすく、「薄くて」「軽くて」「あたたかい」肌着です。

・裏起毛の生地を使用した肌着…グンゼ・ホットマジック
ヒートテックと同じような吸湿発熱機能があります。厚手で裏起毛の生地でできています。「裏起毛」とは肌に当たる側の毛を起こして生地を厚くする加工です。肌着の着用時に温められた空気が、起毛された部分に多く留まるのであたたかく感じます。寒い場所では重宝します。

・ウール…ワコール・綿ウールジャガード八分袖インナー

表はウール、裏は綿の肌着。ウールは綿よりも空気をたくさん含むので保温性が高く、肌側を綿にすることによって肌触りをよくするように考えられています。

お尻を温めましょう

女性は上半身だけでなく下半身の保温もおすすめします。小さいころからお母さんに「お尻を温めなさい」と言われて育った女性も多いのではないでしょうか。私も子供のころは寒くなるとスカートの下に必ず毛糸のパンツをはいていました。女性の冷えの緩和には上半身よりもお尻まわりを温めたほうが効果的とも言われています。なぜなら、女性の腰周りには子宮などの婦人科系の臓器が集中しているからです。丹田（おへそからこぶしひとつ下の所）を意識して温めると冷え性や腹痛や生理痛が緩和します。わたしたちは腹痛のときは自然に下腹部のあたりをおさえますよね。そこを重点的に温めればよいのです。ですから、普段はくショーツは丹田を覆うくらいの履き込みの深いタイプがおすすめです。

最近不妊で悩む女性が多いとききますが、社会的なストレスから基礎体温が上がらないことが原因かもしれません。平熱が36度未満だと妊娠しにくいとも言われています。

また、オフィスなどのきつい冷房で頭痛を起こしたことはないでしょうか？　私は会社員時代によく経験しました。そんなときにはロッカーに置いておいた厚手のボトム（防寒用のパンツ）を履くのです。そうするとあら不思議！　頭痛が引いていくのですね。冷房がきついオフィスなどではひざ掛けをしている女性をよく見かけます。こう考えるとやはり「お尻は温めましょう」ということですね。

女性の体は冷やしてはいけないのに、スカートやノースリーブなどのファッションで男性よりも冷えやすくなっています。体を冷やさず、涼しげなファッションを楽しむためにぜひ下着を活用しましょう。昔は恥ずかしくて絶対に友人に秘密だった「毛糸のパンツ」。今はかわいいデザインもたくさんあり、寒くなると10代向けの下着屋さんの前に並びます。

汗を気持ちよく吸ってくれる下着

寒い時期は保温してくれる肌着を活用しますが、夏は涼しく感じられる下着が必要です。夏には汗をかきますが、この「汗」には、熱くなったわたしたちの体を「冷やす」役割があります。まず、外気温が上昇してくると体は熱くなります。そして熱を下げるために体の表面を水分で冷やそうと汗をかくのです。

女性は汗じみなどを気にするため、できれば汗をかきたくないと思っている人も多いでしょう。でも、汗はわたしたちの健康を守ってくれるために必要なものなのです。夏になるとニュースでよく聞く熱中症は、汗をかくという機能が弱くなり起こるのです。汗をかかないと体に熱がたまり体調が悪くなるのですね。だから夏の汗は「気持ちよくかく」ことが大事なのです。

では、気持ちよく汗をかくことができる下着とはどんな下着でしょうか？　それは、涼しく感じられる下着なのです。涼しく感じられる下着とはどんなものでしょうか。

汗を吸ってくれる素材なら、なんといっても「綿」というイメージを持たれている人も多いでしょう。しかしながら、最近は真夏の下着として綿１００％のものはあまり多くありません。夏に綿のＴシャツ一枚を着ていて大量の汗をかき、冷房の部屋に入ると急に体が冷たくなったことはありませんか？　綿は確かに汗を吸い取ってくれますが、水分を発散しにくい素材なのです。洗濯するとわかりますが、綿１００％のものは乾きにくいのです。

暑い夏に着用しながら吸った汗を発散させるには、ポリエステルなど乾きやすい素材が入っているものを選びましょう。綿の肌触りが好きな人には綿とポリエステルの混紡素材の下着などもあります。ポリエステルなどの化学繊維の技術革新は目覚ましいものがあり、肌に優しい素材が次々と開発されていますので、ぜひ着用してみましょう。

とは言っても、肌が弱い人などはどうしても天然繊維でないと着用できない場合があります。そうした人にはエジプト綿の肌着がおすすめです。綿の中でも高級綿と言われ、糸自体が細く毛羽立ちが少ない糸でできています。肌触りもさらりとして気持ちよく、生地も薄いので汗をかいても乾きやすく、ムレにくいのですね。暑い日本の夏も涼しく過ごせることでしょう。

・肌が弱い人にもおすすめ…グンゼ「匠」キャミソール
天然繊維の綿100%のキャミソールです。とても細い綿糸で編まれている高級な生地を使っているので、薄く、軽く、そして綿の安心感がある肌着です。肌のトラブルがおきにくい素材です。また綿自体の吸湿性や速乾性が高くなりムレにくい肌着です。

・肌がいつもさらさらで気持ちよい…ユニクロ・エアリズム
メンズのエアリズムと同じように極細の繊維を使うことによって、薄い生地が汗を吸収しながら発散し、涼しく感じられる肌着になりました。また、肌に触れたときに冷たく感じるような加工や臭いを防いでくれる加工も施している肌着です

・脇汗取り…グンゼ・汗取り付ラン型インナー
脇の汗を取る工夫がされたキャミソールは最近よく見かけますが、ラン型のほうがデザインとしても無理がなく脇を覆うことができます。より効果的に脇汗対策ができるでしょう。またラン型は背中もキャミソールよりも汗対策しやすい形になっているので、真夏にはおすすめです。

KIREILABO 汗取り付ラン型インナー

the GUNZE　匠キャミソール

赤い下着

「赤い下着を着ると元気になる」と聞いたことはありませんか？　この考えは昔からあり、「申年に赤い下着を贈ると病が治る」、「申年に贈られた下着を身に着けると元気になる」などの言い伝えが日本各地に伝わっています。

「申（サル）」は「去る」を意味していることから「悪いことが去る」「病が去る」など幸せを運ぶものとする説があります。赤も「めでたい色」とされ、「申年の下着」や「赤い下着」と幸福とを結びつけることから始まっているのですね。

赤の効果というのは科学的には立証されているのでしょうか。

さまざまなカラーが人間に与える効果は知られていますが、色を目で見ることによって効果があるのであって、下着として身につけているだけでは効果がないのでは？　とも疑ってました。

でも、ある実験で「目隠しをして赤い光を肌に当てると、筋肉が緊張し、血圧や脈拍が上昇。青い光を当てると、筋肉の緊張度が下がる」という結果があるのです。赤は血行の循環を促し元気になるために効果的なカラーなのですね（参考『色彩の教科書』芳原信著　洋泉社　2012年）。

赤い下着は日本だけではなく、世界中で縁起が良いものとして扱われています。イタリアでは「女性が男性に赤いパンツを送るとプロポーズOKのサイン」だとか。中国では、縁起が良いものとして普段も履いている方が多く、とくにお正月には赤い下着を身につけるとよいとされています。

赤い下着。ちょっと勇気が必要ですが、着用する価値はありそうですね。

下着のパワー（圧力）は体にいい？　悪い？

血液の循環は体を健康に保つうえでとても重要です。「どんな病気も血液が滞ることからおきる」という説もあるほどです。スタイルアップしたくて高価な補正下着を購入し、きゅうくつなのを我慢して毎日着けていたら体調を崩してしまった。病院に行くと「きつい下着は着けないように」と言われた……、との話を聞いたことがあります。まさしく下着で血行を悪くしてしまった例です。勘違いして欲しくないのは、「補正下着は体に悪い」ということではありません。補正とは体を圧迫することではないからです。

サイズの小さすぎる下着や伸縮性のない下着を身に着けていると、「苦しい」と感じることがあります。この状態で着続けるから血行が悪くなるのです。自分に合った、着けていて「気持ちよい」と感じ、「動きやすい」下着を選べばよいのですね。血行をよくすることが一番大切なことです。

これはブラジャーやガードルなどの下着だけに言えることではありません。肌着はブラジャーなどの下着と違って、サイズが違ってもあまり苦しさを感じないかもしれません。でも、深呼吸して胸に圧迫感を感じる肌着を着けたことはありませんか？

体を圧迫するということは血液の循環を妨げることでもあります。きゅうくつな肌着は決して健康によいものではありません。きゅうくつで「動きにくい」と感じたら、筋肉の動きも血液の循環も妨げていることなので、ぜひ、着ていて気持ちよい肌着を選びましょう。

圧迫はよくないと書きましたが、ある程度圧力を加えたほうが健康によい場合があります。たとえば、長い時間立ちっぱなしの仕事をしていると「足がむくむ」ことがありますよね。これは足に血液やリンパ液がたまり、循環がうまくいかなくなり起こってしまう現象です。足は「第二の心臓」とも呼ばれ、血液を全身に送るためのポンプの役割をする部分でもあるのです。血液を上半身に上げる働きを促すことが大事なので、ある程度、圧を加えるといいのです。ハイソックスやストッキングなどで足の部位にあわせて圧力を変えるものが発売されています。むくみ

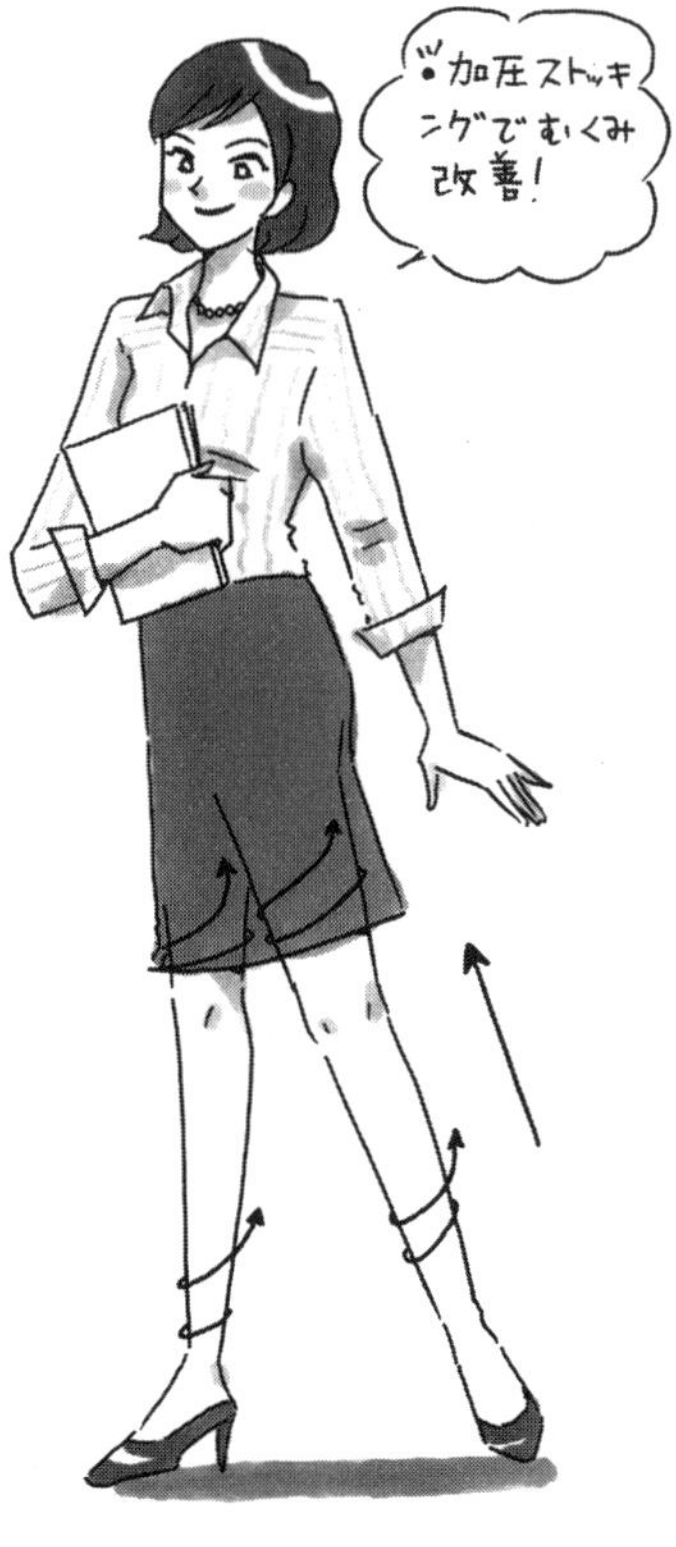

が改善され見た目にも足がスッキリと細く見える効果があります。

締めつけすぎの下着はよくありませんが、下着のパワーは筋肉の代わりをしてくれることもあります。たとえば、40代になると出産経験のある女性が多いと思いますが、妊娠してお腹が大きくなると腹部の筋肉が伸び、出産をくり返すと筋肉が弱くなっていくのです。女性は男性とくらべて、もともと筋肉が少ないうえ出産によって腹部の筋肉が緩むわけですね。腹部の筋肉が弱くなると背骨を支える力が弱くなり腰痛になりやすくなります。また、出産していなくても年齢とともに筋肉は減っていきます。そこで、パワーのあるガードルやボディースーツを着用して腹部と腰部を支えてあげると楽になります。下着のパワーが筋肉の代わりをしてくれるのですね。また、出産で広がった骨盤を元に戻してくれる力もあります。

私は40歳で出産しましたが、それまで腰痛の経験がありませんでした。出産後、子供を頻繁に抱っこしていたら腰痛に悩まされるようになりました。慣れない子育て、出産後に元に戻っていない体、そのうえ腰痛ですから本当につらかったです。そのときパワーのあるガードルを履きはじめたら、急にラクになってきたのです。身をもって「ガードルが筋肉の代わりをしてくれた」という経験をしたのです。

姿勢をよくしてくれる下着

本来ブラジャーやガードルはスタイルアップさせて若々しい体型を作ってくれるはずです。なのに、ブラジャーを着けていても、なんとなく老けて見える人が意外に多いのです。原因の一つは姿勢です。年齢とともに猫背の人が多くなります。それは、猫背の姿勢のほうがラクだと感じるようになるからです。前述したように年齢を重ねると体を支える腹筋などが弱くなります。そうすると背筋を伸ばしているのが苦痛になってきて猫背になるのです。前かがみになるとバストラインはますます下がって見えます。こうなるといくらボリュームアップやバストアップ機能があるブラジャーを着けていても若々しくは見えません。

ですから、下着は着用したときに正しい姿勢をラクにできるものを選びましょう。背筋をピンと真っ直ぐにして立つだけで若々しく見えます。

それでは、正しい姿勢をラクにできる下着とはどんなものなのでしょうか？

●ブラジャー

①着けたときにアンダーベルトの後ろがずり上がってこないもの

後ろが上がってくるとバストの重みは前にかかってきます。そうなると自然に前かがみの姿勢になってくるのです。ブラジャーの元々の作りが原因の場合やアンダーのサイズがあっていない場合もあります。

②アンダーベルトの幅がある程度太いもの

バストの重さはカップではなくアンダー部分で支えるとイメージしてください。バストの重さをベルト全体で支えるので前だけに負担がかからず、背筋がラクに真っ直ぐになります。

③ストラップがある程度太く、バストの重さを支えられるもの

40代以上の人のバストは20代のころと違って重さが直接ブラジャーにかかります。そのためストラップが細すぎると支えきれず、肩こりやバストダウンの原因になり、前かがみの姿勢になりやすくなります。

●ガードル

①履きこみがある程度深いもの

腹部と腰部の筋肉をサポートしてくれるので、真っ直ぐな姿勢を保つことがラクになります。

②ウエストラインに段差ができないもの

サイズがあっていない場合が多いのですが、腹部に段差ができると食い込んで苦しくなり、前かがみになりやすいのです。

③ヒップを包み込む丸みがしっかりあるもの

ヒップをおさえつけるだけで丸みをつぶすガードルは、着用するとヒップがきちんと入らず腰のラインがずり下がってきます。前後のバランスが悪くなり姿勢をらくに保てません。

●肌着

①腕の上げ下げがラクにできるもの

とくに長袖のインナーに見られますが、動くことがスムーズにできない、突っ張った感じがする、肩がこるなど着用していることに不快感があると姿勢が悪くなってきます。まず、肌着だからといってサイズをいい加減に選ばないことが大切です。また、体型や動きに対応できるよう伸縮性がある素材のものを選びましょう。

②バストが圧迫されないもの

やせていてもバストが大きい人は肌着を着たときに圧迫感を感じることがあります。

胸を張って深呼吸をして圧迫感がない肌着なら正しい姿勢でラクに過ごせます。

リラックスできる下着

下着に求めるイメージとして「ホッとする」「柔らかい」などの「リラックス効果」を求める声が多くあります。素材やパターンによって体に与える影響は違います。リラックスできる下着とはどのようなものでしょう?

着けていて違和感のないもの。ブラジャーならアンダーがずれない、苦しくない、ガードルならきゅうくつ感がない、肌着ならチクチクしないなど、着けていることを忘れていられる着心地が重要です。帰宅してすぐ脱ぎたくなるような下着はやめましょう。着けていることにストレスを感じないことが下着の大前提です。

その上で、体調がすぐれないときやイライラするときなど、また更年期などで体が敏感になっている時期には、次のことに気をつけて下着を選ぶとストレスを和らげてくれます。

●天然素材の下着を選ぶ

天然素材とは、もともと自然の中にある素材のことです。下着によく使われているのは、綿、ウール、絹などですね。自然にあるものなので人間の肌に触れたときにトラブルがおきにくいのです。肌着は天然繊維１００％のものがありますが、ブラジャーやガードルなどは伸縮性が必要な下着なので綿１００％というのは難しいのです。しかし、最近は技術が進歩して「肌に当たるところは綿」という画期的なブラジャーも出てきています。

素材の特徴を踏まえて選ぶと、より自身の悩みを改善する下着を選ぶことができるでしょう。

・綿

汗をよく吸い取ってくれますが、乾きにくい素材なので汗を大量にかいたときは体を冷やす場合もあります。しかし、敏感肌の人にとっては一番安心して着用できる素材です。産地や糸の太さによって肌触りが違います。一般的には綿糸が細いほうが高級綿で着用感もよいとされています。また綿の種類によっても違いがあり、夏にさらさらし

KIREILABO 肌側綿 100％ノンワイヤーブラジャー

肌側部分に綿 100％のパワーネットを使用することにより、肌に触れる部分はすべて綿を実現したブラジャー（縫い糸、プリント部分除く）。

た肌触りを好む人はエジプト綿を選ぶとよいでしょう。

・ウール

冬の肌着として用いられます。空気を多く含むことができるので、かなりあたたかい下着になります。素肌に着るとチクチクするイメージがありますが、最近の下着はチクチクしないような処理をしています。綿よりも水分を発散する機能がありますので汗をかいても体は冷えにくいです。

・絹

高価なイメージの素材ですね。汗を吸い取って保温性も高く、夏は涼しく冬はあたたかいと素晴らしい機能があります。最近は家庭での洗濯に耐えられるように進化して下着にも多く使われるようになってきました。

●ワイヤーやカギホックがないブラジャー

体が敏感になっているときは直接肌にあたらなくても、金属性のものを身に着けることがストレスになる場合があります。こんなときはスポーツブラやカップ付きキャミソールなど、できるだけシンプルで着脱も簡単な下着を着けるとストレスが緩和されます。また、このようなタイプの下着は着用感もラクに動きやすく作られていることが多いのでおすすめです。

●Ｍ・Ｌ・ＬＬ表示のブラジャー、ガードル

体調がすぐれなくても、ある程度体型補正して出かけなければならないときがありますよね。そんなときにがんばって補正の下着をきっちり着用すると出先で体調を崩す心配があります。無理なく着用できるものを選びましょう。

ブラジャーのサイズ表示はＡ75などカップとアンダーから決めているのですが、このようなサイズ表示のブラジャーはしっかりバストメイクしてくれるものが多いのです。一方で、Ｍ・Ｌ・ＬＬ表示のブラジャーもあります。これは、表示がアバウトなことからもわかるようにきっちりした着用感ではないことが多いのです。

また、同じようなことがガードルにも言えます。64・70・75などの表示はしっかりメイクのガードルに多いのですが、Ｍ・Ｌ・ＬＬ表示のものは融通性があり、ラクに着用できるものが多いのです。体調やＴＰＯを考えて使い分けると便利ですね。

ヨーロッパのスリップは「部屋着」

パリの下着屋さんに入ると素敵なランジェリーがたくさんあります。そのなかでも、スリップは日本でよくみるものとかなり印象が違います。レースやリボン、フリルなど、装飾品がたくさんついているスリップが多くてびっくりします。これでは、とてもじゃないけど日本で言う「お洋服のシルエットをきれいにする」、「汗しみや透けを防止する」という機能は期待できません。洋服の下に着ると、逆にシルエットに響いてしまうようなデザインです。ヨーロッパのスリップはまさに「部屋着」なのですね。

日本でスリップを部屋着として一枚で着用するのは難しいかもしれませんが、重ね着をして楽しんではいかがでしょう？

私が好きな映画「セックス・アンド・ザ・シティ」のなかで、キャリー役のサラ・ジェシカ・パーカーが、自室でTシャツ＆ワイドパンツの上にテロンとした素材のキャミソールを重ね着しているシーンがあります。見たとき「かわいい！」と思いました。カジュアルなリラクシングウエアもランジェリーを重ねることで、とたんにおしゃれな雰囲気になるので不思議です。

ランジェリーは使い方次第で、いつものファッションをぐっとオシャレに女性らしく演出してくれるものなのですね。

たくさんのレースをあしらったスリップ

第4章◆無理なくボディラインを美しくする下着活用

体型が変わる40代は下着も見直しを

ボディラインをきれいにする下着を身に着けるには、自分の体型にあった下着を選ぶことが重要です。体型は年齢だけでなく、体質、環境などでも変化します。ですから自分がどのような体型で、どんな悩みがあるのかを理解することからはじめましょう。

女性には年齢による体型変化があります。それは体内の女性ホルモン（エストロゲン）の増減と関係しているのです。図の女性ホルモンの推移を見てください。10代になると急に上がりはじめ、20代から30代でピークを迎え、40代以降は下がっていきます。

まず、10代から20代のころですが、体型にも女らしさが芽生え、バストがふくらんでヒップが大きくなってきます。20歳のころには大人の女性としての体型になります。次に20代から30代。一般的には女性としての体が一番美しい時期ではないでしょうか。しかし、この時期は人によってライフスタイルが分かれていきます。早くに家庭に入り出産する人もいれば、独身でキャリアウーマンとして生活する人、また、日々の生活の運動量や食事でも体型に違いが出てきます。

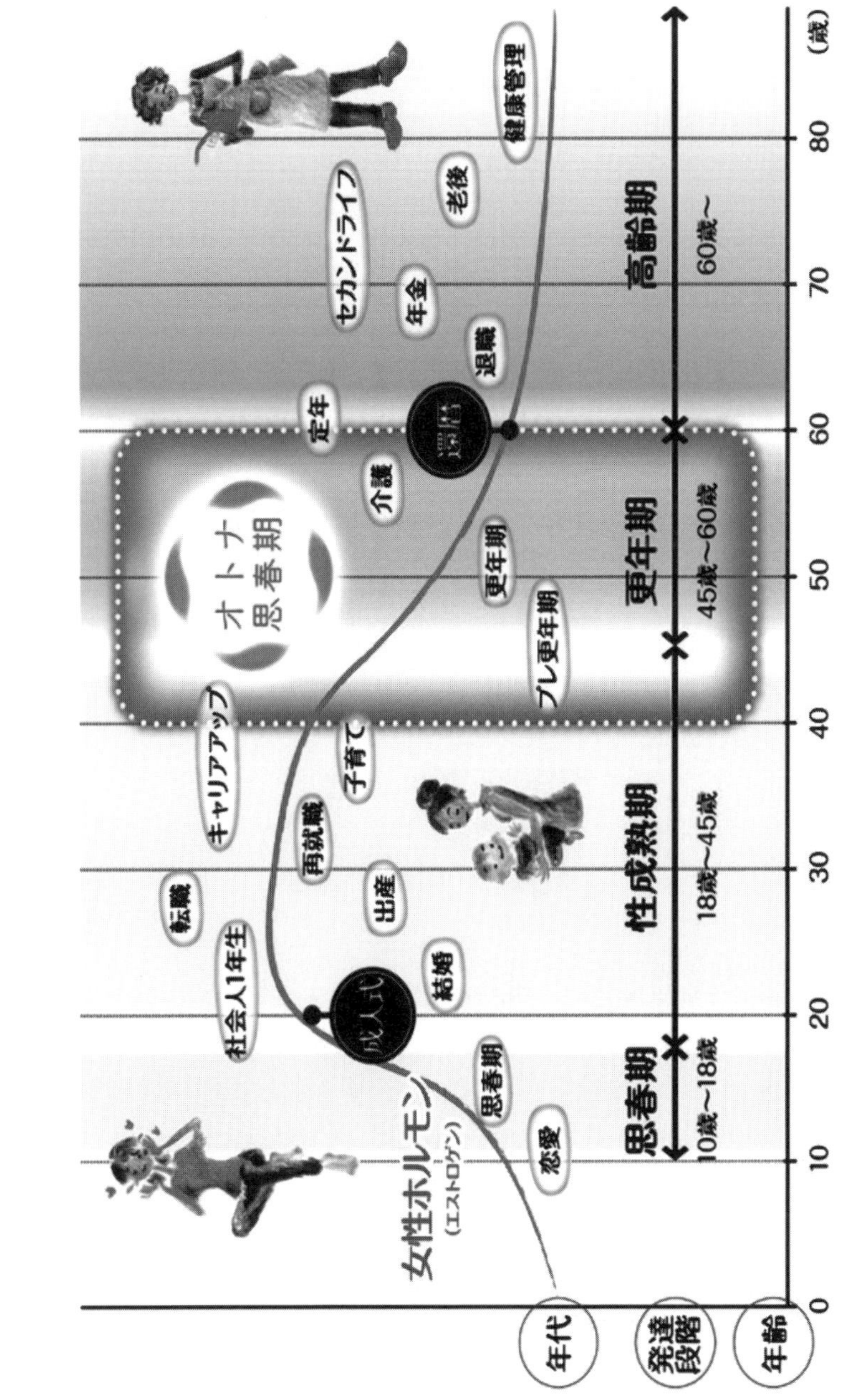

出典：グンゼ「女性の一生における女性ホルモンの変化とライフイベント」

そして、40代になると、体型が変わりはじめます。今までは脂肪がついても、バストやヒップなど「つくべきところについた脂肪」でしたが、しだいに下腹部や背中などついてほしくない場所につくようになります。そして、20代にはきゅっと上がってきれいだったバストやヒップの下垂が目立ってきます。

女性ホルモンが急に減少する時期には「更年期」の時期が重なります。体質も変化し、なんとなく体調が悪く、いままで着用していた下着もサイズがあわないだけでなく、きゅうくつ感を感じたり肌触りが気になったりします。

20代から30代のころは、見た目のおしゃれだけで下着を選んで、少しも気にならなかった人も、さすがに40代で同じ下着を着けると以前のような体型にはなれないことに気づくはずです。そして、この時期から着ける下着によって見た目のスタイルも違ってくるのです。とくに春から夏にかけては薄着になるので、体型や下着のラインが急に気になりだします。冬のあいだコートで隠していた背中のブラジャーのラインや、お腹の段々も隠しきれなくなります。だから下着メーカーは体型が気になりはじめる春先からブラジャーなどの新商品を発売するのでしょう。春夏は下着の選びやすい時期でもあるのですね。

20代のころのきれいな体型の時期から自分にあった下着を身に着け続けていると、

40代になって急に体型の変化に悩むことは少ないようです。体にあった下着のおかげでバストやヒップの下垂を遅らせることができ、また、無理に脂肪をおさえつけることもなかったので余計な場所に脂肪がつかなかったからです。

しかし、40代になって気づいてからでも遅くはありません。下着によって無理なく体型補正をし、洋服のラインをきれいにすることは可能です。そして、そのような下着を着け続けることによって体型の変化を遅らせることができますし、無理な下着でおさえつけられることによって流れていた脂肪が本来あるところに戻り、すっきりとした、なめらかなボディラインに戻すこともできるでしょう。

それにはまず、ご自分の体型を知るところからはじめてみましょう。

自分の体型を知りどう補正するのか考えましょう

下着で体型を補正しようというとき、「できるだけ細く見せたい」と考えて選んでいる女性は多いのですが、他人から見る「細い」という印象はどこからくるのでしょうか？

じつは、細いと思う印象は、真正面から見た「体の幅」から感じるものです。横から見た「体の厚み」ではないのです。なので、ブラジャーやガードルなどの体型補正の下着で効果的に細く見せたかったら、体の脇をシェイプアップしてくれる下着を選ぶことがポイントです。

ブラジャーならば、アンダーの脇の部分が太くてサイドリフト機能があるもの、ガードルなら、サイドにサポート機能があり、ヒップはあまり抑えず丸みをきれいに包み込んでくれるものを選びましょう。全身をすべて抑えようとすると無理があり、どこかにお肉がはみ出ます。

まずは、「痩せたい」と思って補正下着で締めつける前に、自分の体型を知りましょう。

バストが大きいのか？　小さいのか？　ヒップが大きいのか？　下がっているのか？　ウエストは太いのか？　段々になっているのか？　全身を補正しようとせず、どこをどう補正すれば効果的にスタイルがよく見えるか考えてみましょう。

●ふくよかな人

ブラジャー

体型の悩みで一番多いのは「ふくよかに見える」ということですよね。バストやヒップが大きい人に多いようです。それに加え「背中に脂肪がつきブラジャーを着けると段々がＴシャツの上から目立つ」「お腹の二段腹が気になってウエストラインの目立たない洋服しか着られない」という悩みをよく聞きます。

確認ですが、下着だけで「痩せる」ということはありません。「痩せて見える」ことはあります。ここでは下着によって「ふくよかに見える」ではなく「すっきりとしたグラマーに見える」体型へと変化できる下着を目指しましょう。

バストやヒップは脂肪がついているべきところです。そのほかのところに脂肪がついているならば、その場所をすっきり見えるファンデーション選びをしていきましょう。

たとえば、バストにもお腹にも脂肪がついている場合、バスト全体をおさえようとするブラジャーを着用している人がいます。これは逆効果なのですね。体型はバストとウエストとのメリハリでスタイルよく見えるのです。だから、バスト全体を覆いながら、ちゃんとバストを支えてアップする機能があるブラジャーを着用すると、それだけで

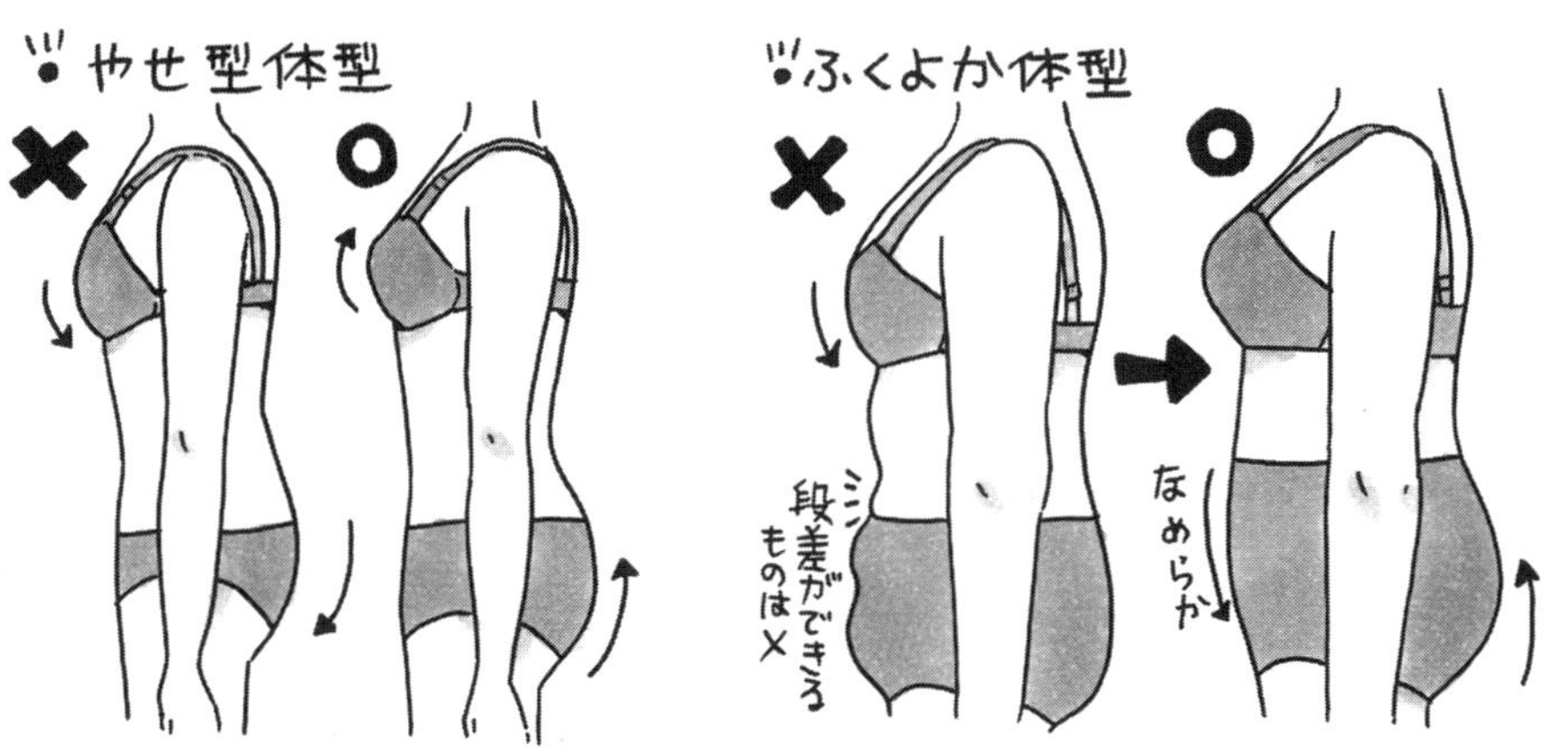

ウエストは細く見えます。フルカップでなくてもバストをきちんと安定させてくれるようなブラジャーを選びましょう。

また、バストが大きいと感じるのは「正面から見た幅」なのです。左右に広がっているバストはより大きく見えるのです。中央に寄せる「サイドリフト機能」があるブラジャーだとすっきり見えるのですね。横から見るメリハリは「グラマー」に見えるのでOKなのです。

ガードル

ガードルはできればロングタイプのものをおすすめします。体型がふくよかに見えるのは「脂肪がついている」ということよりも「脂肪の段差」なのです。脂肪の段差がつきやすいお腹やヒップラインはまさしく脂肪が目立つ場所です。ヒップをきちんと覆ってヒップアップし、すっきり見せてくれるのはロングタイプです。またこのタイプは履きこみが深い場合が多いのでヒップとお腹が一緒に補正でき、すっきりとしたボディラインができ上がります。

●痩せている人

40代になって痩せていると周りからうらやましがられることも多いと思いますが、体の変化は確実にやってきます。バスト・ヒップが小さい人でも下垂ははじまっていますので放っておくとメリハリのない体型になってしまいます。そして年齢とともに筋肉は衰えていきますので、腹筋が弱くなって前かがみになり、なんとなく「老けた」体型になりやすいのです。いくら痩せているといっても下腹部には若いころにはなかった脂肪がついてきます。そして脂肪そのものは年齢とともに柔らかくなります。ブラジャーの後ろのラインにも段差が現れて気になってくるのです。若々しい姿勢とスタイルアップのために下着を選んでいきましょう。

ブラジャー

痩せている人でもブラジャーのアンダーベルトは太いものがオススメです。年齢とともに脇の脂肪は段差がつきやすくなってきますし、バストが下垂して同じサイズでも20代のバストより重さがカップにかかってしまいます。肩こりの原因にもなるのです。脇幅のあるブラジャーだと重さを支えてくれるので、バストアップ効果もあり、若々しいバストラインができ上がります。そしてなによりもラクに着用できるのが魅力です。

ガードル

ガードルを履いたことがない人も多いのではないでしょうか？　ヒップもバストと同じように下垂しているので、ぴったりしたパンツやスカートのときはガードルを履くとヒップラインがきれいに見えます。また、ガードルのサポート力が衰えはじめた筋肉の代わりをしてくれますので、背筋を伸ばしていることがラクになります。そのため、痩せている人にも40歳を過ぎたらロングタイプのガードルをおすすめします。

選ぶときの注意点ですが、痩せている人は脂肪が少ないため、ふくよかな人にくらべて圧迫感を感じやすいようです。脂肪というクッションが少ないのですね。そのため、ガードルに慣れていない人はソフトタイプのガードルからはじめてみましょう。

トルソ・バランス

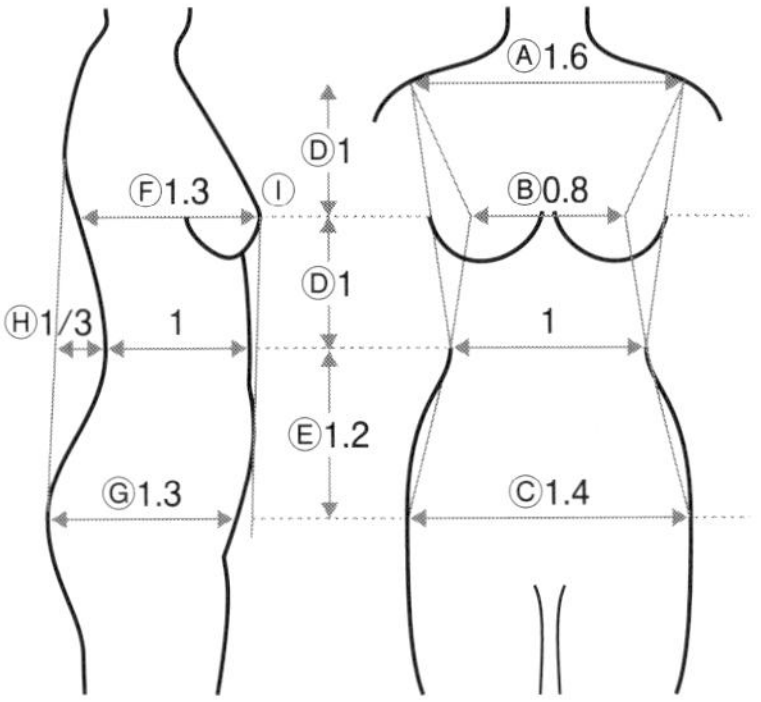

【厚みのバランス】ウエストを1とした場合、Ⓕバスト=1.3 Ⓖヒップ=1.3 Ⓗ背中のくびれ1/3 Ⓘ一番突出している部分はバスト。
【横幅のバランス】ウエストを1とした場合、Ⓐ肩幅=1.6 Ⓑ乳頭間=0.8 Ⓒヒップ=1.4
【高さのバランス】Ⓓバストの高さは肩とウエストの中間 ⒺBWHの高さ比=1:1:1.2
出典：ワコール人間科学研究所

ここではざっくりと「ふくよかな人」「痩せている人」と分けましたが、上半身は痩せているのにヒップが大きいとか、またその逆もあります。その気になる部分によって対処の方法を変えることをおすすめします。

スタイルが美しく見えるかどうかは「全身のバランスがよい」ことがポイントなのです。女性のバランスが取れた理想の体型図「トルソ・バランス」を見てみましょう。つまり、バストが○○センチ、ヒップが○○センチではなく、身長や肩幅に対してのバストサイズ、そしてそのサイズに対してのヒップサイズというふうに、全体のバランスが大事なのです。

以前、わたしは下着のファッションショーでモデルのフィッティングの仕事をしたことがありますが、背の高い美しいモデルさんのガードルサイズが76だったりするのです。決して「ふくよか」というわけではなく、まさしく「グラマー」ですよね。バランスよいすっきりとした体型を目指して下着を選びましょう。

大まかなサイズを知りましょう

体にあった下着を選ぶには、「試着して選ぶ」ことが一番よい方法です。しかし、

■ブラジャーサイズ表①（cm）

呼び方	A65	B65	C65	D65	E65	F65
トップバスト	75	78	80	83	85	88
アンダーバスト	65（63～67）					

呼び方	A70	B70	C70	D70	E70	F70
トップバスト	80	83	85	88	90	93
アンダーバスト	70（68～72）					

呼び方	A75	B75	C75	D75	E75	F75
トップバスト	85	88	90	93	95	98
アンダーバスト	75（73～77）					

呼び方	A80	B80	C80	D80	E80	F80
トップバスト	90	93	95	98	100	103
アンダーバスト	80（78～82）					

呼び方	A85	B85	C85	D85	E85	F85
トップバスト	95	98	100	103	105	108
アンダーバスト	85（83～87）					

■ブラジャーサイズ表②（cm）

トップバスト（cm）	アンダー（cm）					
	65	70	75	80	85	90
75.0	A65					
77.5	B65					
80.0	C65	A70				
82.5	D65	B70				
85.0	E65	C70	A75			
87.5	F65	D70	B75			
90.0	G65	E70	C75	A80		
92.5	H65	F70	D75	B80		
95.0		G70	E75	C80	A85	
97.5		H70	F75	D80	B85	
100.0			G75	E80	C85	A90
102.5			H75	F80	D85	B90
105.0				G80	E85	C90
107.5				H80	F85	D90
110.0					G85	E90
112.5					H85	F90
115.0						G90
117.5						H90

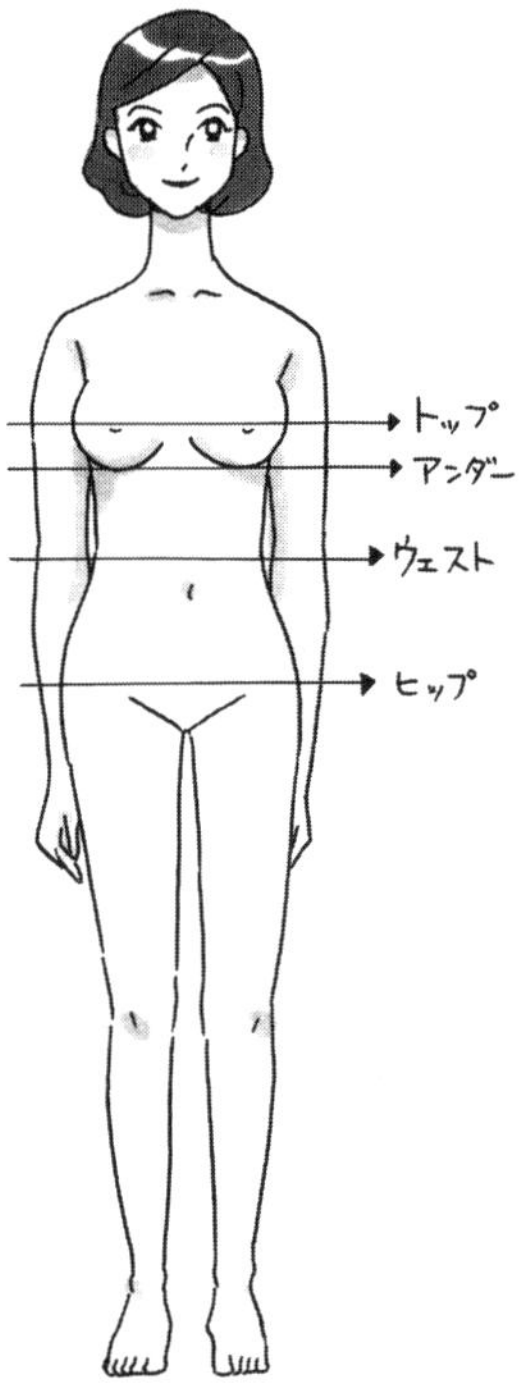

下着ごとにどのサイズを試着すればよいかがわからない場合が多いですよね。試着の前に、自分のサイズの目安をつけることができます。メジャーでトップ・アンダー・ウエスト・ヒップの４ヵ所を測ることからはじめましょう。

●ブラジャーのサイズ選び

前頁のようなサイズ表①をご覧になったことはありませんか？　百貨店などの下着売り場によくあります。ブラジャーはトップバストとアンダーバストの２ヵ所のサイズからサイズを割り出すのです。初めて見る人はちょっとわかりにくいかもしれませんね。サイズ表②から自分のサイズの目安をつけてみましょう。たとえば、トップが85センチでアンダーが70センチの場合、C70になります。

■婦人ガードルサイズ表（cm）

呼び方	58	64	70
ウエスト	55-61	61-67	67-73
ヒップ	79-89	83-93	86-96

呼び方	76	82	90
ウエスト	73-79	78-86	86-94
ヒップ	89-99	91-103	94-106

■ショーツサイズ表（cm）

サイズ	S	M	L
ヒップ	82-90	87-95	92-100

■インナーサイズ表（cm）

呼び方	M	L	ＬＬ
トップバスト	79-87	86-94	93-101

●ガードルのサイズ選び

次にガードルです。ガードルのサイズはヒップとウエストから決まります。タグにはウエストとヒップサイズが記載されています。そのため、ついウエストサイズ、つまりスカートやパンツを購入するときのサイズで選んでしまう人が多く見られます。しかしそれではヒップがきつくなってしまう場合が多いのです。だから「ガードルはきつい」という印象があるのではないでしょうか?

ウエストのほうがヒップよりも大きい場合を除いてガードルはヒップサイズを基準で選ぶようにしましょう。ガードルはまずヒップを補正するものです。ヒップ基準の選び方で多少ウエストに余裕を持たせたほうがお腹が段々になりにくく、すっきりとしたラインを作れることが多いのです。

以前、こんな方にお会いしたことがあります。ガードルでウエストをスッキリさせてスカートをはこうとしたら、今まで入っていたスカートのホックが閉まらなくなったというのです。柔らかい肉質の人で、それまでは無理やりスカートベルトを食い込ませてホックを止め、ベルトの上下に脂肪の段を作り着用していたのですね。ガードルを履いたことによってウエストラインがなだらかになり、ウエストにベルトが食い込まなくなりました。そのためホックが閉まらなくなってしまったのです。

でも、見た目はどうでしょうか？　ガードルをはいた状態のほうがずっとすっきり見えるのですね。ウエスト○○センチということを気にするのではなく、全体のシルエットがいかにすっきり見えるのかを気にして下着選びをして欲しいのです。そのほうが結果的にはスタイルよく見えるはずですから。

ここまでサイズ表で目安をつけたら下着選びです。最終的にはこの目安を元に試着をして決めることが理想です。

●ボディースーツのサイズ選び

ボディースーツはブラジャーやガードルと違い、一枚でボディ全体をサポートしてくれる便利な補正下着です。でも、着用している方は多くありません。理由のひとつは「サイズ選びが難しい」からではないでしょうか？

あえて言います。既製品のボディースーツでジャストサイズのものを見つけるのは、かなり難しいです。ちょっとびっくりかもしれませんね。

ボディースーツは、ブラジャーサイズとショーツサイズの組み合わせでサイズを選ぶように表示されています。たとえば、ブラジャーがＢ75サイズでショーツがＭサイズの人なら、Ｂ75Ｍサイズが適合するという考え方です。

でも、バストやヒップがこのサイズだとしても、身長やお腹周りなどを考えると人の体型はさまざまです。そのため、合わないサイズを無理に着用して、「きつい」と印象を持つ方が多いのではないでしょうか？

また、全身を覆うボディースーツは、人間の日常の動きについてくる伸縮性がないと着崩れしやすいのです。動くたびに引っ張られる感じがするのでは着心地が悪いですよね。とくに多いのは、お腹をサポートしようとして腹部にフィットしたサイズを選び、苦しくなるというパターンです。ですから、ボディスーツは「動く」ということを考えて、ウエスト周りはちょっと余裕があり、前かがみや座ったりしても、ズレる感じがしない少し余裕をもったサイズを選ぶことがポイントです。着用したときにシワが気になりますが、そのようなサイズのほうがボディースーツをラクに着け、スタイルよく洋服を楽しむことができるでしょう。

試着をしましょう

最近はネット販売の下着が多くなっているせいか、試着をせずに下着を選ぶ女性が多いようです。ファンデーションだけでも試着をして選びましょう。なぜなら、同じサイズ表示でもメーカーやブランド、またデザインによってパターンや生地の伸縮などが違います。着けてみないと自身にとって心地よいフィット感かわかりません。また、採寸して同じサイズでも人によってバストの形や肉質によって、心地よいと感じるサイズは違います。試着は着替えることがめんどうという声も多く聞きます。冬は厚着をしているので、薄着になる春夏は試着しやすい時期ですね。

●ブラジャー

まず、目安をつけたサイズのブラジャーと前後サイズのブラジャーの3着を着けくらべてみましょう。めんどうならせめて2着を着けくらべましょう。たとえば、目安サイズがB70なら、もう一つC70を着けることをおすすめします。

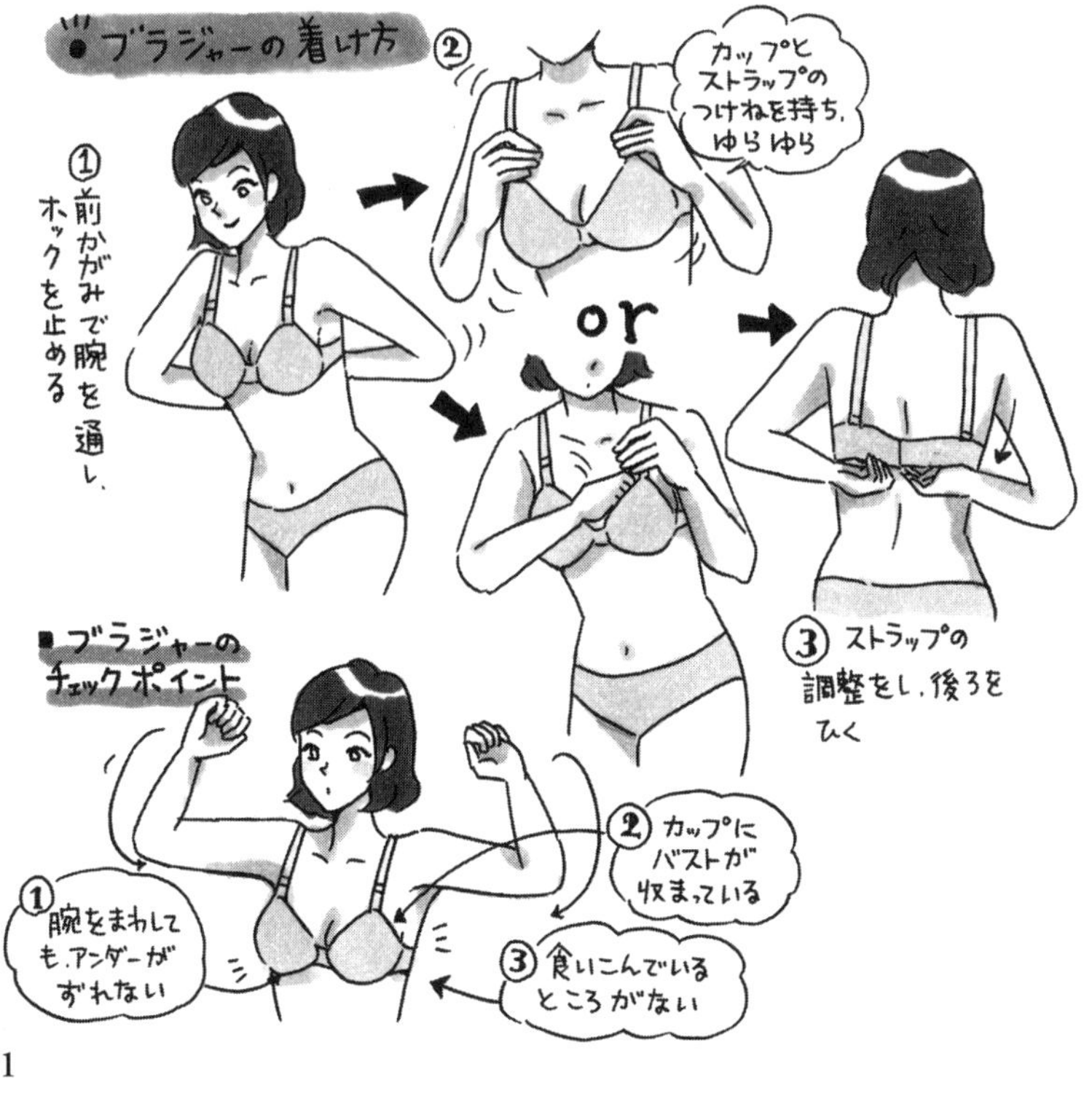

試着をするときは、ブラジャーを素肌に着けます。次の3ステップで着けてください。下着メーカーによって推奨している着け方はさまざまですが、ここでは簡単な方法を紹介します。

着け方

①前かがみで腕を通し後ろのホックを止める

②前かがみのままバストをカップに入れる

（カップとストラップのつけねを持ちゆらゆら）

③ストラップの調整をし、後ろを引く

※この方法は一般的ではありませんが、40代以上の柔らかくなったバストの人には簡単で効果的な方法です。

チェックポイント

着けられたら次の3ポイントをチェックしましょう

①肩を回してもアンダーがずれない

→ずれるならアンダーがゆるいので75サイズなら70サイズに

②カップにちゃんとバストが収まっている

↓あふれるようならBカップをCカップに

↓カップが余るようならBカップをAカップに

③食い込んでいるところがない

以上のようなポイントをチェックしてOKなら気持ちよく着けられるでしょう。

●ガードル

ガードルも2サイズ以上を着けくらべると自分にあっているサイズかどうか判断しやすくなります。

着け方

①ガードルを折り曲げてから履き込む（ロングタイプの場合）

②ウエスト部分を上げ、太もも部分を下げる

③ヒップに手を入れ太ももに流れていた脂肪をヒップに戻す

（ショーツの中に手を入れると効果的です）

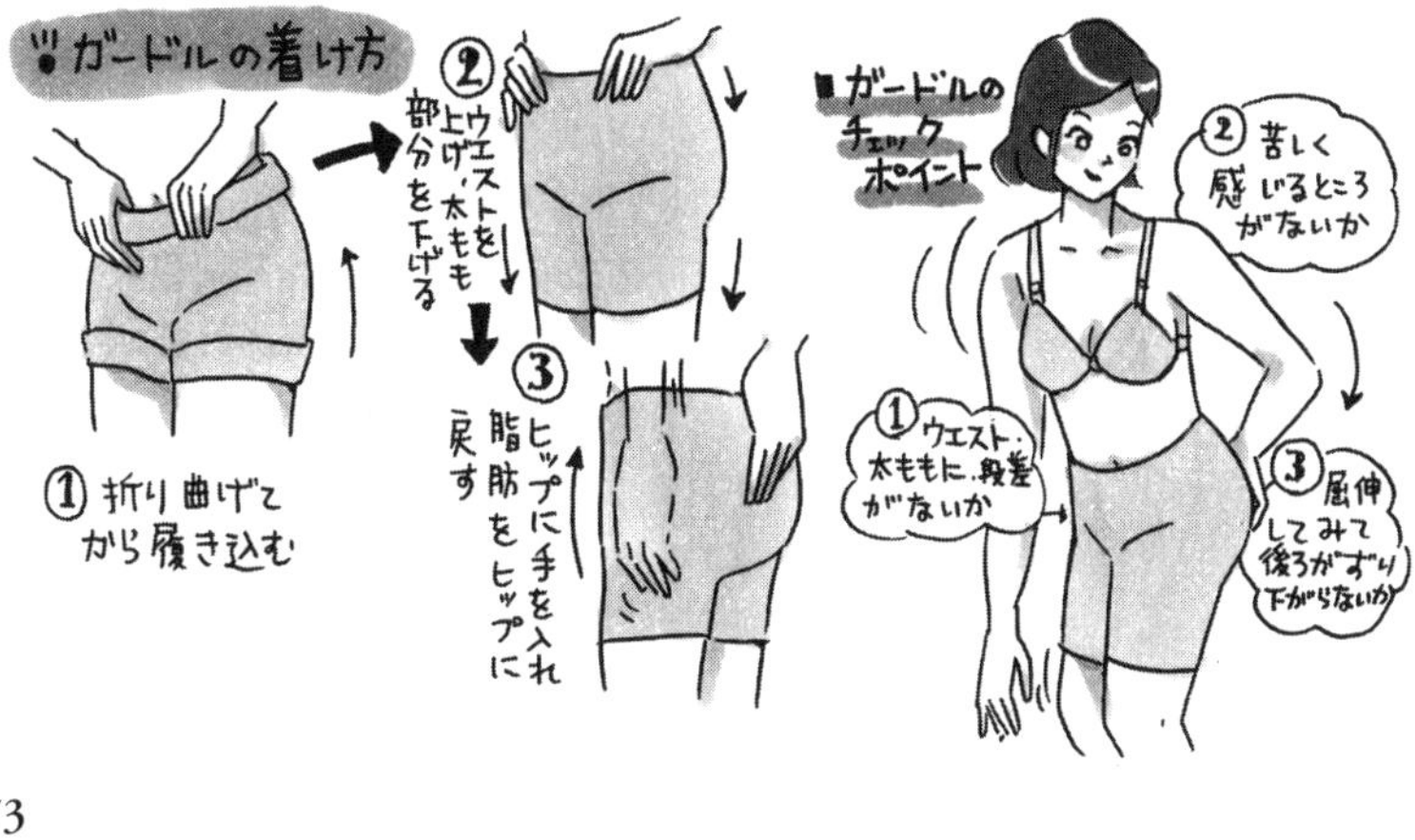

チェックポイント

着けられたら次の3ポイントをチェックしましょう

①ウエストや太ももに段差がついていないか

②苦しく感じるところはないか

③屈伸してみて、後ろがずり下がらないか

↓このようなことが見られるなら、ワンサイズ大きいものを試着してみましょう。

逆にゆるすぎてガードルにシワがよるようなら小さいサイズに変えてみましょう。

苦しいガードルは着けたくなくなります。自身の感覚を大事にして選びましょう。

体型を美しくするためのインナー選び

体型を美しくするためには、ファンデーションだけではなく一緒に着けるインナーにも気を使いましょう。なぜなら、ブラジャーでバストアップしても上に着けるインナーでバストをつぶしてしまったり、ショーツが小さくてヒップのお肉がはみ出していると、上にガードルを重ねてもはみ出した状態のヒップライン（つまりヒップが段々になった状態）をガードルで固定してしまったりするのです。これではせっかくファンデーションに気をつかい体型を整えても台無しですね。

●ヒップラインを美しくするショーツ選び

・サイズを気にしましょう

ショーツサイズはＭ・Ｌ・ＬＬ表示で簡単に選べるために、あまり気にしていない人も多いのです。本当のサイズより小さめのサイズを選んでしまうことも多いのではないでしょうか。そのため、ヒップのお肉がはみ出した状態になっている場合が少なくありません。まずは、ショーツのサイズ表で目安をつけてください。

・ショーツはきちんとヒップを包み込むものを選びましょう

ショーツにもさまざまな種類があります。多くの下着メーカーは履き込みの深さや足ぐりのカッティングを変えてさまざまなバリエーションを用意しています。40代になったらできるだけ履き込みが深く、ヒップを包み込むタイプを選びましょう。以前は、ショーツは小さいほうがかわいいという風潮がありましたが、今はヒップをきちんと覆い、履きこみが深くてステキなデザインのものがたくさんあります。ヨーロッパのランジェリーを見てもボクサータイプでエレガントなデザインのものが流行しています。ぜひヒップをきちんと包み込むことを考えてショーツ選びをしてください。

●美しくしたボディラインを崩さないためのインナー選び

・胸元をつぶさないサイズ、パターンを選びましょう

インナーのサイズは胸囲で選びます。サイズ表を見て目安にしましょう。バストが大きい人は、肩幅が狭くてもLサイズのほうが心地よく着られる場合があります。

・ボディブリファーなど、オールインワンのものを活用しましょう

寒い季節はどうしても重ね着をしてしまいます。上下とも重ね着するとウエスト部分で重なり、モコモコに着膨れしてふくよかな印象になってしまいます。ボディブリファーなどヒップまで包み込めるタイプのインナーを活用しましょう。ウエスト部分がすっきりしたうえに、ぴったりフィットしていますのでよりあたたかく感じられます。

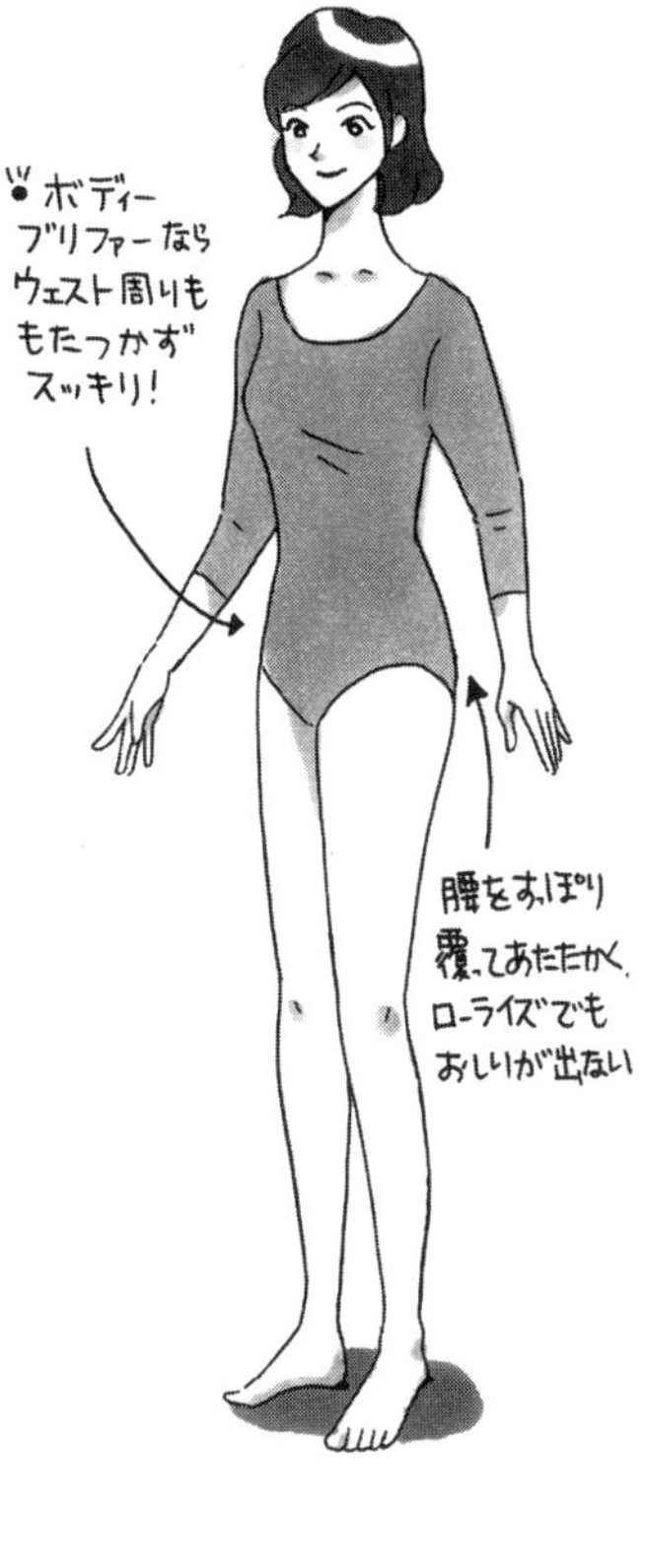
ボディーブリファーならウェスト周りももたつかずスッキリ!
腰をすっぽり覆ってあたたかく、ローライズでもおしりが出ない

第5章◆お気に入りの下着を長く楽しむ方法

型くずれを防ぐ洗濯のコツ

下着にも洋服と同じように品質表示のタグがついています。見るとどんな手入れ方法をすればよいのかわかります。

ほとんどのブラジャーは手洗い表示です。ブラジャーはカップ部が型くずれしやすいウレタンなどで作られ、ワイヤーやカギホックなどの付属品やレースなどのデリケートな素材が多く使われているので、どうしても手洗い表示になってしまうのです。でも、ブラジャーは毎日着ける下着です。手洗いしている女性はどれだけいるでしょうか？

かくいう私も手洗いしていません。洗濯機を使っています。それでも、それほど型くずれせずレースが破けることもなく着用できています。洗濯時のちょっとした習慣できれいなまま着用することができるのです。ここでは簡単に、できるだけ型くずれしにくいブラジャーの洗濯方法を紹介します。

（※洗濯表示はあくまで「手洗い」ですので、自己責任でお願いいたします）

●ブラジャーの洗濯の仕方

①洗濯前にカギホックを止める
②ブラジャー専用ネットに入れる
（普通の洗濯ネットではなく、小さめで形がしっかりしているもの）
③デリケートコースや弱水流で洗濯する
④干すときには形を整えてアンダーベルトが伸びないように干す

以上のようなことに気をつけると、ワイヤーの飛び出し、カップの型くずれ、レースの引っ掛け、アンダーの伸びなどが起こりにくく、長く楽しむことができます。

ブラジャーにかぎらず、下着の種類ごとに分け洗濯ネットに入れると、洗濯機の中で衣類同士が絡まるのを防ぐので、傷みが少なくてすみます。ぜひ活用しましょう。

また、衣類を干すときは基本的には「風通しのよいところで日陰干し」です。直射日光にあて消毒効果を期待する人もいますが、ほとんど

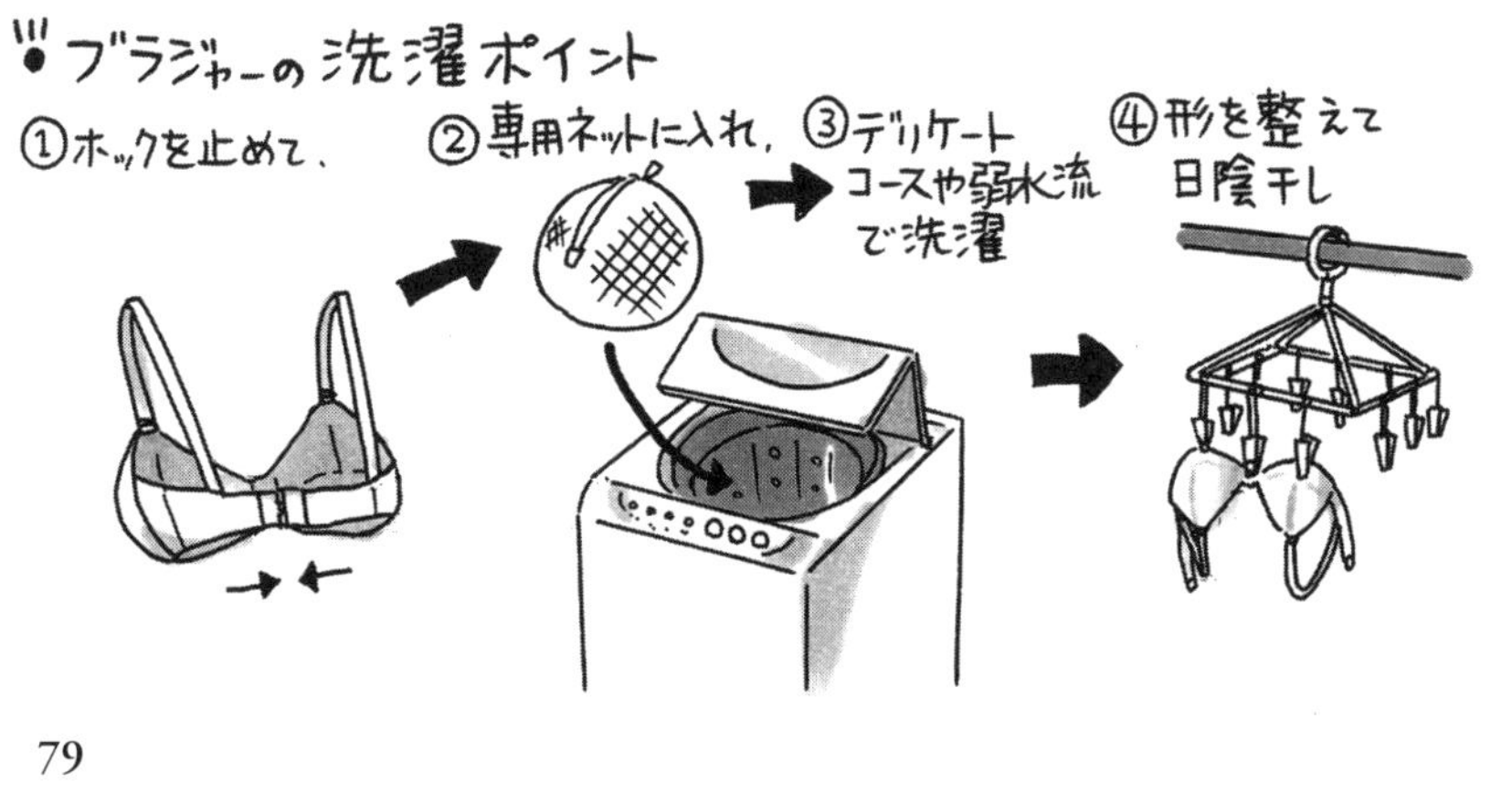
ブラジャーの洗濯ポイント
①ホックを止めて、
②専用ネットに入れ、
③デリケートコースや弱水流で洗濯
④形を整えて日陰干し

効果はなく、むしろポリウレタンなどの直射日光に弱い素材が傷み、消耗が早くなります。

いらない下着は処分しましょう

引き出しを開けると下着がぎゅうぎゅうに押し込んで収納されていませんか？ たくさん持っていても、実際に着用しているのは5、6枚程度という人も多いのではないでしょうか？ 毎日着用する下着は結局「着心地のよさ」で選んでしまうので、お気に入りのものだけを着回ししてしまうのです。着心地が悪くてあまり着用していないものの、傷んでいない下着は捨てることもできず、引き出しの奥に押し込まれているというわけですね。下着、とくにブラジャーなどは形よく収納することによって型くずれしにくくなり長く着用することができます。押し込んでいるとそれだけで型くずれの原因になります。そのためには着用しない下着は捨てる勇気を持ちましょう。

それでは、どんな下着を捨てるべきでしょうか？ 目安をいくつかあげておきます。ご自身の引き出しでチェックしてみてください。

・品質表示タグが読めなくなったもの

こうなったら下着は寿命です。ブラジャーやガードルなどはゆるくなり、体型補正する機能はなくなったと考えましょう。

・着用していてズレるもの

新しい下着でも、調整しても肩ひもがずれ落ちる、動くたびに袖が上がる、生地がよれて気持ち悪いなどの理由でなんとなく着用しなくなった下着はありませんか？　残念ながら今後も「着たい」とは思わないはずです。余裕をもって収納するためにも、ぜひ処分しましょう。

長持ちする収納方法

・パッド付きブラジャーの収納

パッド付きブラジャーなど、型くずれしやすいものは、無理にたたまず、そのままの状態で収納するのが理想です。

・仕切りのあるショーツの収納

ショーツは小さいので収納しにくいですよね。ぜひ仕切りを活用す

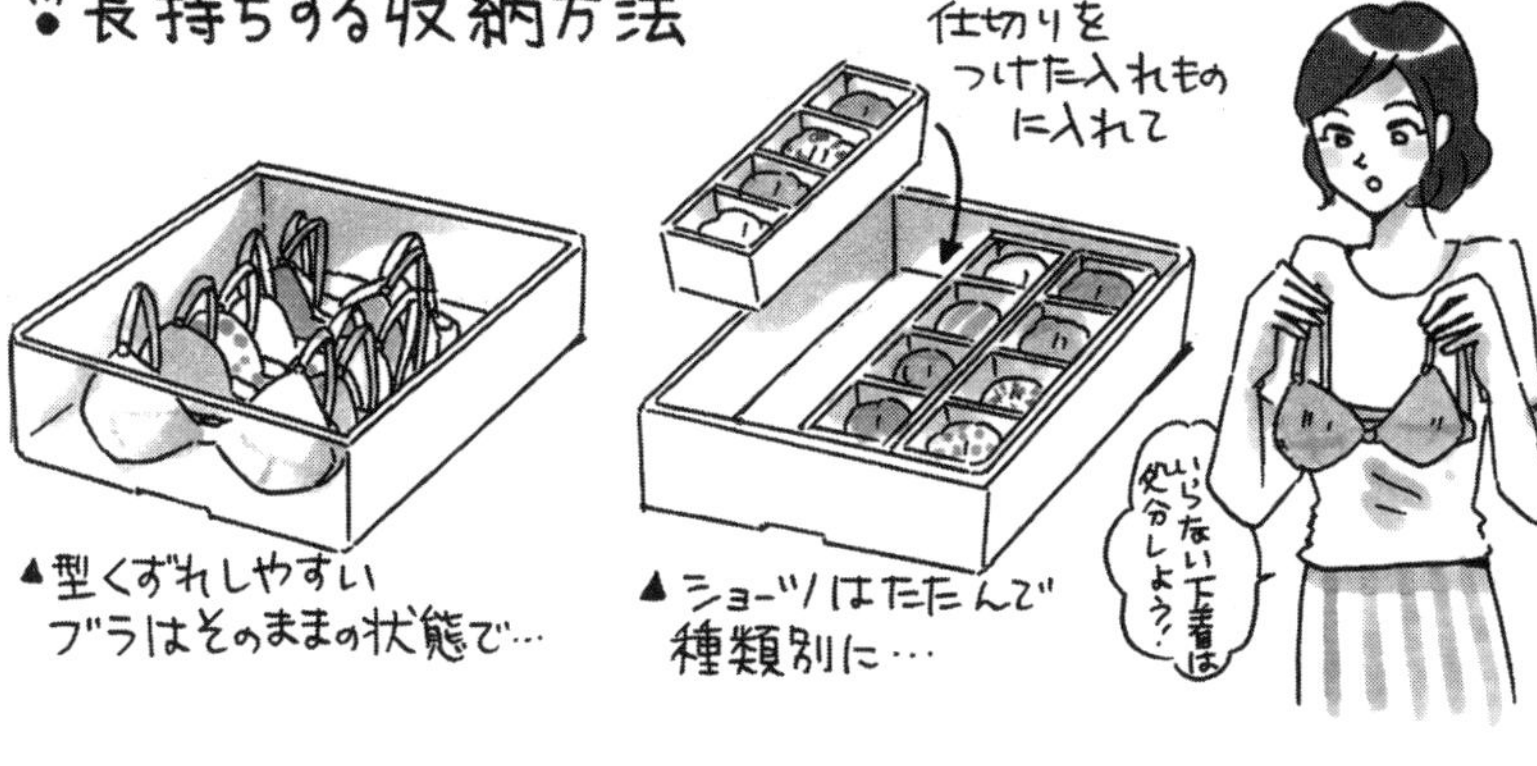
長持ちする収納方法
仕切りをつけた入れものに入れて
▲型くずれしやすいブラはそのままの状態で…
▲ショーツはたたんで種類別に…
いらない下着は処分しよう?!

ることをおすすめします。引き出しを開けるたびに下着屋さんで選ぶようで楽しくなります。

　インナーやランジェリーはたたんで種類別に収納するとわかりやすいですね。洋服によって着用する下着を選びやすくなるはずです。また、衣類は洗濯してすぐ着用をくり返すよりも、何日か休ませたほうが生地は回復するそうです。何枚かの下着をうまく回転させて着用するとより長く楽しむことができます。

下着の処分
～こんな方法もあります～

　いらなくなった下着。どんな方法で処分していますか？
　下着はデリケートなものなので、捨てるのにも気を使いますよね。でも、いらなくなった下着が世の中のためになるなら、こんなによいことはありません。いま、さまざまな取り組みがされています。
[ワコール～ブラ・リサイクル～]
　ブラジャーをRPFという環境に優しい産業用の固形燃料に加工する取り組みです。不要になったブラジャーを専用バッグに入れ店舗で回収します。回収されたブラジャーはバッグを開封せずに、そのまま加工されます。人目に触れずに処理してくれるので安心です。期間限定で実施されるのでご注意ください。詳細はワコールのウェブサイトでご確認ください　⇒ http://www.wacoal.jp/braeco/

第6章◆40代の悩み別　下着活用

体型の悩み

●バストが下がっている➡アンダーがしっかりとしている、肩幅が広いブラジャー

年齢が重なると一番気になってくる悩みです。下垂するとついついワイヤー付きのブラジャーでしっかりと形を整える……というイメージがありませんか?

バストアップするために大事なのはじつは、カップ部分よりもアンダーベルトやストラップなのです。年齢を重ねたバストは柔らかくなり、20代のころのバストよりもブラジャーに重さがかかります。それをしっかりと支えるのはカップではありません。まず、アンダーで下からバスト全体を支え、さらにストラップで補強すると圧迫感がなく、バストの位置を上げることができるのです。そのためには、しっかりとしたアンダーベルトとストラップのブラジャーを選び、体にフィットするサイズを着用することが大切です。

●バストが左右に広がりやすい➡サイドリフトパワーのあるブラジャー

バストは年齢とともに下垂していきますが、このとき真下に下垂するのではなく、左右に広がりながら下垂していくのです。そのため、真正面から見ると体の幅が広がって見えるので、40代以上になるとふくよかに見えるのです。ブラジャーで胸を中央に寄せるだけで、かなりすっきりして見えます。そのためにはカップ部の脇にパワーを持たせたブラジャーを着用しましょう。４分の３カップブラジャーに多いのですが、サイドリフトパワーがあるブラジャーを選びましょう。

●バストが大きい➡バストのトップ位置が低く、サイドリフトパワーがあるブラジャー

バストが大きい人の中には、ちょっと小さいサイズを選んでバストをつぶして目立たなくしている人もいます。気持ちはわかりますが、これでは、せっかくのバストの形を崩してしまいます。また、着けていて苦しいのではないでしょうか？

バストが大きい人は、小さく見せるのではなく「すっきり見せる」ことを心がけましょう。そのためには、まずバストをあまり上げすぎないことがポイントです。トップが上にあるとそれだけで人の目線がバストに行ってしまいます。バストアップするというよりも、「バスト全体を無理なく包み込む」ブラジャーを選んでください。4分の3カップでもバストをできるだけ覆っているタイプのものがオススメです。また、カップのトップが丸く、とがっていないものがオススメです。そして脇をスッキリさせるためサイドリフトパワーがあるとよりスッキリ見えます。

●バストが小さい➡脇の肉に段差をつけない、パッドはブラジャーの下辺についているもの

小さいバストを大きく見せるために、今はパッド付きブラジャーがたくさんあります。利用している人も多いのではないでしょうか。40代になるとバストが小さい人でも脂肪が柔らかくなりますので、ちょっと工夫してブラジャーを選んでみましょう。

まず、ブラジャーを着けている状態で脇に段差はありませんか？　もし気になるなら、カップをワンサイズ上げて、脇の脂肪をカップに入れてみましょう。それだけで

バストは大きくなります。その場合、アンダーは幅の広い、体にフィットするものを選んでください。その上でさらに大きく見せたいなら、パッド入のブラジャーを着用しましょう。パッドにもいろいろなタイプがありますが、厚手のパットはカップの下辺に入っているものを選んでください。上辺まで覆うようなパッドだと、柔らかいバストを押しつぶして形が崩れてしまいますし、圧迫感を感じやすくなります。

●左右のバストの大きさが違う
⬅サイズは大きいほうにあわせて、パットで調節を

左右のバストの大きさが違うというのはめずらしいことではなく、意外に多いのです。その場合のブラジャーサイズは大きい方に合わせますか？　小さい方に合わせますか？

この場合のサイズは大きい方に合わせましょう。小さい方に合わせると、大きいほうのバストはカップに入りきらず、つぶれてしまいます。小さい方はバストパッドで補正してあげましょう。

今はパッドの出し入れができるブラジャーも多いですよね。片方だけに入れてバス

トが同じ大きさになるように補正することもできます。

●ヒップが大きい⬇まずはショーツを見直して、その上でロングガードルの活用を

ヒップの補正というとまず、ガードルを思い浮かべますが、その前にショーツを見直すことが一番重要です。ヒップの下垂は、ショーツからはみ出した脂肪からはじまっていきます。だから、ヒップを丸く包み込むショーツを毎日着用することが大事なのです。

若いころヒップの大きさなど気にならなかったのに、年齢を重ねると気になる……。これは脂肪がついたことだけが原因ではありません。年齢とともにヒップは下垂して縦長のピーマンのような形になっていくのです。そうすると見た目の面積が広くなるので、それだけでもヒップが大きくなったように見えるわけです。だから一番大事なのはヒップを下垂させないこと。その上で、ヒップアップし、太ももまでサポートしてくれるガードルを着用してください。ガードルは、ヒップと太ももを脇からサポートしてくれる機能があるものがオススメです。バスト部分と同じでヒップもサイドの

脂肪を寄せてあげると真後ろから見たときにスッキリ見えるからです。

●ウエストの脂肪の段々が気になる➡ボディースーツで全体のラインをなめらかに

この場合は、ウエストを細くするというよりも、「ブラジャーとショーツやガードルのあいだのラインをなめらかにする」ということを考えましょう。全体的にすっきりとした体型を目指します。一番簡単なのはボディースーツを着用して体全体を覆ってしまうことです。下着の段差ができないので、すっきり見えますし、食い込みなどによる苦しさもなくなるはずです。

●ウエストのくびれを作りたい➡ウエストニッパーでメリハリを

ウエストのくびれは無理に作ることはありませんが、ワンピースなどを着用するときに一時的にシルエットを整えたいときなどにはウエストニッパーが効果的です。ウエスト位置をはっきりとつくり、体全体にメリハリを作ってくれます。ただし、ウエスト部分を圧迫する下着なので、無理をしない程度に余裕をもってサイズを選ぶことをおすすめします。

●ブラジャーの肩ひもがズレ落ちる➡**バッククロスのブラジャー、スポーツブラジャーなど**

なで肩の人など、どんなブラジャーを着けてもストラップがズレ落ちて気になるという人がいます。ストラップが太いものは比較的ズレにくいのですが、それでもズレる場合は、バッククロスをおすすめします。ブラジャーにバッククロスのデザインのものは少ないのですが、ストラップレスブラジャーのストラップをクロスに付け替えて使用することで対応できます。また、ストラップがもともとないスポーツブラのようなタイプは動いてもズレにくいものが多いのでおすすめです。

●ハト胸であうブラジャーが見つからない
ハーフカップブラ⬅

ハト胸は、胸骨が張っている体型です。痩せている人でハト胸の人は合うブラジャーを見つけにくいですよね。肩からバストトップまでのラインがなだらかでないために、カップがあわせにくいのです。思い切って、バストの下辺あたりだけを覆うブラジャー、つまりハーフカップを着けてみましょう。合わせやすいはずです。

ランジェリー展で見つけたボディーブリファー

さりげなくボディに飾られていたボディーブリファー。

とてもシンプルですが、デコルテの部分はシースルーで女性らしさを感じさせます。下着として使うというよりもパーティーなどでスカートやパンツと合わせるためのものでしょう。

ボディーブリファーは腰周りのラインがスッキリと着こなせるので便利ですよね。ぜひ、活用したいアイテムです。

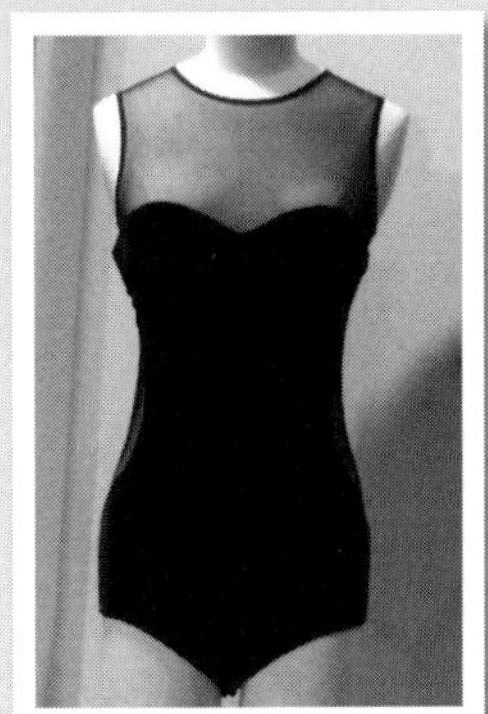

シンプルながらも女性らしいボディーブリファー

体質の悩み

●ブラジャーのワイヤーがあたってかゆくなる
⬇ノンワイヤーブラジャーを着けてみましょう

最近のブラジャーはワイヤーを包む生地が肌に当たりにくいように工夫しているものが多いので、こうした声はかなり少なくなりましたが、肌が敏感な人は思い切ってノンワイヤーのブラジャーを着けましょう。

ワイヤーがないとバストラインがきれいにならないと思っていませんか？　そんなことはありません。アンダーベルトがしっかりしていて、体にフィットしているものであれば、バストアップ力は十分にあるのです。ノンワイヤーのブラジャーはフルカップのものに多いので、ぜひお試し下さい。ワイヤー入よりも肌トラブルは起きにくく動きやすいはずです。

また、ワイヤー全体ではなく、ワイヤーの端の部分があたって気になるという場合は、ワイヤーとご自分のバージスライン（バストの下辺の外周のライン）があっていないのかもしれません。ワイヤーを包んでいる生地とワイヤーのあいだには少し余裕

（すき間）があるので、ちょっとワイヤーをずらすだけで緩和できる場合があります。しかし、この方法は、あくまでも応急処置と考えてください。購入するときに試着して、ワイヤーが当たらないものを選ぶのが基本です。

　ワイヤーがあたってかゆくなる人には、アンダーや肩ひもの部分でも同じようにかゆくなるという人もいます。もうブラジャーそのものが着けられない状態ですよね。お医者様に相談すると、「ブラジャーを着けないで下さい」と言われるのですが、やっぱり着けたくて、綿１００％の薄手の肌着の上にブラジャーを着けている人もいました。補正という意味ではちょっとおすすめできないのですが、ノーブラでいるよりはバストラインはきれいです。どうしても外出するときだけと話されていましたが、下着を活用しておしゃれを楽しむという意味ではよい方法なのだと思いました。

●ショーツのウエストゴムがあたってかゆくなる
⬅
サイズをワンサイズ上げてみましょう
ゴムを極力使っていないショーツを着用しましょう

下着が原因で肌が赤くなるというのは、肌に当たる部分の素材が肌にあわない場合や皮膚を圧迫する場合などに起こります。まず、ゴムがウエストに食い込んでいないかをチェックしましょう。ショーツの場合、体型が変わってもサイズを気にせずに小さいサイズを着用し続けている女性も多いのです。サイズを変えるだけでトラブルを緩和し、着用感もラクになります。

肌が敏感な場合には、ウエストゴムそのものがないショーツをおすすめします。最近は糸を使わず縫い目のない画期的なショーツも登場しているのですね。足ぐりのゴムや商品タグなどもついていないので、肌が敏感な人には嬉しいショーツです。

KIREILABO 完全無縫製レギュラーショーツ

KIREILABO®
キレイラボ

糸をまったく使わず特殊な接着材で仕上げることで、縫い目による肌への負担を軽減。また、肌に刺激となる洗濯タグをなくし、生地へ直接プリント。ウエストや足回りのテープやゴムもなくし、生地の伸びだけでフィットさせるので、肌にくいこまない。

●汗をかきやすく汗ジミが心配

⬅汗をかきやすい部分を覆ってくれる下着を着ましょう
素材は綿100%のものではなく、発散機能があるものを選びましょう

これは当たり前のことですが、ちゃんと気にして着用することによってかなり緩和できるはずです。一番汗ジミが気になる脇をきちんとカバーできているものを着用しましょう。最近では汗取りパットなどがついているキャミソールなども見かけますよね。また、背中の汗が気になるときはキャミソールではなく、ランニング型の肌着のほうが効果的です。素材は汗を吸うだけでなく、吸い取った汗をすぐに乾かしてくれる発散機能に優れた素材のものがオススメです。速く乾くことによって体が冷えないし、臭いも気になりません。

●冷え性で手足が冷たい

⬇ソックスなどの活用だけでなく、
腰回りを温めて血液の循環を活性化しましょう

冷えが気になると、冷えた部分を集中的に温めようとしますが、根本的に改善するには、まず血液の循環をよくすることが重要です。冷えた血液は下にたまりやすいので下半身、とくに女性にとって重要な腰回りを温めることによって、血液が上半身に流れ、全身の血液循環が活性化します。

また、体が冷えてから下着を着用しても温まりにくいので、体が温かいうちに着用するようにしましょう。たとえば、お風呂上がりにすぐ靴下をはく人は少ないのではないでしょうか？　しかしながら、時間がたって布団に入るころには足先が冷えてきて気になり、眠れなくなるという話を聞きます。温かいうちに着用する習慣をつけるだけで冷えはかなり緩和できます。

●圧迫感がいやでブラジャーやガードルが着けられない
➡無理をせず、着けられるパワーのものを着用しましょう

苦しくて我慢しないと着けていられない下着はやめましょう。無理に着けなくても、ボディラインをある程度きれいにする方法はあります。ブラジャー、ガードルを代用する下着を探してみましょう。

たとえば、カップ付きのキャミソール。私も着用したことがありますが、40代以上

の柔らかいバストにとっては安定感がなくちょっと不安になります。それに、たしかにラクですが、やっぱりバストラインはブラジャーほどきれいにはなりません。でも、なかにはブラジャーのようにアンダー部分が補強されていて、ある程度バストを安定させてくれるキャミソールもあります。選ぶときに背中がちゃんと補強されているか確認してみてください。

また、ヒップラインはガードルを履かなくても、ある程度きれいにすることができます。パワーがありヒップをきちんと包み込んでくれるタイプのショーツを着用すればよいのです。最近はソフトな着用感を好む人も多いため、ショーツに少し補正力を加えた「ガードルショーツ」も見られます。

●乾燥肌でカサカサする➡保湿を保つインナーを活用してみましょう

夏用の肌着は肌触りをさらりとするために、細い糸を使っています。冬用には保温を重視し、肌触りもソフトにするために柔らかく編んだ生地を使っています。季節に適した肌着を着ることでカサカサした肌もある程度守られます。また、最近では乾燥した肌を守るために、さまざまな工夫があります。たとえば、椿オイルなどを繊維に練り込み、保湿機能を持たせているものもあります。

●肩こりがひどい➡ブラジャーの肩ひもが肩に食い込んでいないかをチェックしてみましょう

細い肩ひものブラジャーを長いあいだ使用していて、肩に食い込み跡ができている人もいます。細い肩ひもはきゃしゃな感じがしてステキなのですが、重いバストを支えるためには太い肩ひものほうがしっかりと支えることができます。食い込みもなく、着用していてラクでバストアップもしやすいのです。

また、肩幅が狭いインナーも肩こりの原因となります。腕をラクに動かせるサイズを選びましょう。

レッグアイテムも
パリ・ランジェリー展では必見

写真は2013年のパリ・ランジェリー展でみかけたレッグアイテムのディスプレイです。一時は、素足がおしゃれというブームがありましたが、最近では若い人もストッキングを履いたり、夏のサンダルにソックスをコーディネイトしています。日本でもレッグアイテムは注目されています。おしゃれだけでなく、足元を温めることはとても大切で、血液の循環を促し体調を整えてくれるのです。

せっかく履くなら、洋服をぐっと引き立たせるおしゃれなアイテムがいいですね。シンプルな洋服に合わせるとセンスが光るタイツやストッキング、楽しくなります。

柄物のレッグアイテムが充実

更年期の悩み

以前は「更年期」という言葉はできれば使いたくない、というイメージがありました。女性にとって隠しておきたいことだったのですね。今では、「だれでも経験すること」として認知されてきました。とはいえ、できれば軽い症状ですませたいものです。

更年期の症状は人によってさまざま、深刻さもさまざまです。わたしもちょうどその年代なのですが、数年前から「考えてみればあれも一つの症状だったのかな?」と思い当たることがあります。わたしの場合は、「寝汗をかく」「めまいがする」「寝つきが悪い」などの症状ですね。人によって症状が違うので一概に言えませんが、代表的な症状には次のようなものがあります。これらを下着を活用することによって少しでも改善することができたらと思います。

●汗をかく➡**汗を止めようとするのではなく、気持ちよく汗をかける下着を着用しましょう**

真夏でも、キャミソールより半袖肌着を着ることをおすすめします。脇や背中など気になる場所を覆ってくれます。また、急に汗をかいたと思ったら、今度は体が冷える……という症状も聞きます。この場合の下着の素材はシルクがよいですね。汗を吸ってもすぐに発散してくれて、冷えにくいですし、天然素材なので肌が敏感な状態でも安心です。いまはとくに汗をかく部分、脇や背中などの生地が二重になっているものもあります。

●体がかゆくなる⬇できるだけ天然繊維のインナーを着用

肌が敏感になっていますので柔らかい肌ざわりのものがおすすめです。綿、シルクなど天然繊維のインナーを着るようにしましょう。

●気分がすぐれない、いらいらする⬇着心地のよい下着がイチバン！

なによりも体をラクにすることが一番なので、着用感がラクなものを着ましょう。無理にきつい下着を着けるよりも、「着心地がよい」と思えるものを着ることがイチバンです。

心をリフレッシュするために、おしゃれな下着や、明るいカラーの下着を着ることもオススメです。ピンクは女性ホルモンを活性化し、赤は血行をよくするとも言われています。肌に密着するカラーなので体調にも影響するのですね。なによりも、明るい下着を身につけると、なんとなく気分が高揚するので、健康にはとてもいいことです。

私も以前から気分を上げるために下着を活用することがありました。たとえば、仕事で失敗してちょっと落ち込んでいたときは明るいオレンジ色のブラ・ショーツを着て、まず体の中にある心から明るくするのです。また、ここ一番の勝負という仕事のときは、圧倒されて負けないようにレースのついた高級下着を着て、自分に自信を持たせていました。ちょっと笑えますけど、朝、鏡の前で「よし！」と掛け声をかけていたこともあります。更年期の気分を変えるためにも下着は活用できるのです。

●少しの失禁がある➡軽い失禁の下着を活用しましょう

とくに出産経験のある女性は、体調が悪いときなどに軽い失禁がおきやすくなります。最近では失禁用のナプキンなどもＣＭしていますので、多くの人が悩んでいることとして認識されてきました。ナプキンを使うとまでいかなくても、「もしものときに備えたい」という人のためのショーツがあります。マチの部分に少量の尿を吸収でき消臭もしてくれる素材です。他のショーツと見た目変わらないので、普通に洗濯ができます。

●腕を動かすのがつらい➡無理をしないで着用しやすいものを選びましょう

四十肩、五十肩と言われる症状などで、ブラジャーのカギホックを後ろに手を回して止められない、かぶり式のインナーの着脱ができないな

ワンディカード　レギュラーショーツ

マチの部分は片面はっ水加工を施した天然系素材の２重使いで表への染み出しを防止。長持ち消臭加工も施されていて、安心なプチもれ対応のショーツ。

ど、今まで簡単に出来ていたことができなくなると精神的に落ち込みますよね。そんなときは無理をせず、ラクな方法で着用してください。たとえば、ブラジャーは腕に肩ひもをかけてから、後ろを止めますが、ウエストでカギホックを止めてから後ろに回して、肩ひもに腕を通してください。また、かぶり式のインナーでは、下からはいて着用できるものがあります。着用しやすいものを選びましょう。

パリの下着専門店のディスプレイ

パリで街を歩くと、ときどき、こんな可愛らしいディスプレイに出会えます。

ピンクのカーテン、白いクローゼットの引き出しに花柄のブラウスが見えます。そして、中央にはピンクのショーツが一枚。とてもメルヘンチックです。

日本でも、ショッピングモールや百貨店の中でなら、こうしたディスプレイが見られるかもしれません。でも、表通りに面したショーウィンドーディスプレイでは、まず目にすることはありません。下着に関しての感覚が違うということなのでしょう。

かなりオープンに気軽に洋服のオシャレと同じ感覚で下着を見ているのがわかります。

かわいらしいランジェリーディスプレイ

おわりに

記念すべきはじめての著書を読んでくださり、ありがとうございました。

私は今までの人生において、不思議と「下着」には縁がありました。それは、もともと、自分の体型や体質にコンプレックスを感じていたからかもしれません。

子供のころはとても元気だったのですが、小学校高学年ころ、ちょうど初潮を迎えたころから体質が変化してきました。冬になると胃が痛くなるようになったのです。ひどいときにはあぶら汗までかいて、保健室に行くこともありました。今考えると、それは私が初めて感じた「冷え」でした。そのとき、親が腹巻きを用意してくれました。友達に見つからないようにとドキドキでしたが、着けていると一日中元気に過ごせました。子どもながらに「下着一枚で体って変わるんだ」と驚いたものです。

また、高校生のときには合宿で一緒にお風呂に入った友人から、「バストが垂れている」と言われてすごくショックでした。それまで、気にしていなかったバストが急に気になりはじめ、バストが目立たないように、なんとなく姿勢も前かがみになっていきました。そんなとき、下着屋さんで思いきって相談してみると、フルカップブラジャーをすすめられました。試着してみると、バストアップするのが自分でもわかりました。学生の私にとってはちょっと高い価格でしたが、嬉しくて購入したのを覚えています。それからは、ブラジャーは必ずその店で試着をして買うようになりました。10代の女の子が積極的に下着を試着するなんて、あまり想像つかないですよね。それほど当時の私の悩みは深かったのだと思います。今思えば、そのころから私の脂肪は柔らかく下垂しやすかったのです。きっと体質なのでしょう。下着がまた私を救ってくれたわけです。

下着によって、コンプレックスが解消したり、体調が改善したり、そんな経験をした私には自然と「下着は大事なもの」という感覚が生まれました。それからも、スーパーでアルバイトなどをすると偶然、下着売り場に配属になったりと、なんとなく下着に縁があったのです。

さらに縁は続き、下着メーカーのインストラクターとして就職しました。そのころには、下着は大好きなものになっていましたので、下着に囲まれて仕事をすることが、毎日嬉しくてたまりませんでした。

この仕事は18年続きました。そのあいだにさまざまなことを経験しました。まず、ほとんどのお客様が30代以上の主婦だったので、女性にどんな体の変化が起こるかをいろいろと聞くことができました。当時は「寄せて上げて」などのフレーズが流行り、ブラジャーは若い女性向けの商品が目立っていました。子育て後の女性が満足するブラジャーは少なく、みなさん体型に悩んでいたのです。そんな女性たちの声をたくさん聞くことができたのです。

そして女性達は、まず、体型に悩みだすとデザインは二の次で体型をきれいにする「補正」を重視するということ。そして、さらに年代が進むと、体型よりも着心地が気になり出すということです。そしてその変化は、ライフスタイルや体型によっても時期がさまざまなのです。これだけさまざまなニーズがあるのに、下着メーカーがPRするブラジャーは、どちらかといえば若く体型がきれいな女性が満足するようなものが多いので不思議に思っていました。

そんな時代に、体型、体質変化を経験したお客様の声をじかに聞き、仕事に活かせたことはとても幸せでしたし、私の大きな知識にもなりました。

大好きな仕事でしたが、出産と育児のため、仕事との両立ができなくなり退職しました。その後、やっぱり私には今までの経験を元に世の中の役に立っていくしかないと考え、下着コンサルタント会社を立ち上げました。

日本の女性たちに、下着を賢く選ぶ知識を持ってもらうことによって、美しく健康になってもらえたら本当に嬉しいです。

とくに出産を機に女性の体型は急激に変化します。出産後に、それまでと同じブラジャーでよいという女性はほとんどいないでしょう。たとえ、サイズが同じでも、美しく見えるブラジャーの種類は違うはずです。ほとんどの女性は自分の体型は変わっているのをわかってはいても、どの下着を着ければよいかを知らないのです。

また、「更年期」や「冷え性」など、女性によくある体調変化に下着を活用して症状を緩和しようという人が少ないのも、もったいないと思いました。

この本を読んで、下着を生活の中でもっと有効に役立てられる女性が増えることを願っています。

今回の出版に多大なお世話をしてくださった株式会社旬報社の今井智子さん、株式会社Kプレスの赤羽聡子さん、日ごろから何かとお世話になっているランジェリーガイドの土井千鶴さん、これまで下着をとおしてさまざまなことを教えてくださった、すべての方々に感謝いたします。